프뢰벨 가베교육의 이론과 실제

조성자 · 정동희 지음

창지사

들어가는 말

현대 유아교육의 길잡이가 되었던 유아교육 사상가들인 코메니우스, 페스탈로치, 루소, 프뢰벨, 몬테소리, 피아제와 같은 학자들은 그 시대 유아교육을 위해서 한 획을 그은 학자들이라고 말할 수 있다. 특히 이들은 처음으로 어린이 교육을 위해 유치원을 만들고 활동 중심 교육으로 유아들이 직접 사물과 만나서 작업할 수 있도록 일생을 헌신한 참교육자들이다. 프뢰벨은 학문을 여러 분야로 연구한 학자로, 철학자이자 심리학자이며, 신학자이며, 교육학에 관심을 가졌던 학자이다. 프뢰벨은 근대 유아교육 학자들과 쌍벽을 이루고 있는데, 전 세계적으로 보급되어 있는 그의 사상은 유아교육 프로그램으로서 오늘도 유아교육 현장에서 어린이들의 교육을 이끌어 가고 있다.

정동희 교수와 함께 『프뢰벨 가베 교육의 이론과 실제』의 출판을 계획하여 집필하면서, 그동안 독일을 방문할 때마다 간간이 구입해 두었던 프뢰벨에 관한 문헌들을 다시 볼 수 있는 기회가 되었다. 언젠가 프뢰벨의 생가를 방문할 기회가 있었는데 안내해 주던 독일인이 얼마나 친절하게 학문적으로 분석하고 소개를 해 주었던지 지금도 몇 가지는 기억에 남아 있다.

저자가 연구하는 몬테소리 학문은 프뢰벨과 공통점도 있지만 차이점도 있다. 그래서 독일에서는 두 학자를 비교하는 저서나 논문들이 종종 출판되기도 하였다.

특히 우리나라에서는 프뢰벨에 관한 교육철학과 실제가 오래 전부터 유아교육기관에 널리 보급되었고, 지금은 많은 유아교육 현장에서 가베가 유아교육용으로 제시되고 있으며 가정에서의 홈스쿨 교육용으로도 보급되어 있다.

본서는 프뢰벨의 철학과 실제에 관한 정확한 이해를 돕고 실용적으로 활용할 수 있도록 구성하였다. 대학이나 교육센터에서 프뢰벨에 관한 강의를 듣는 학생들이 시간과의 전쟁에서 1가베에서 10가베 그리고 응용편까지 다루기에는 너무 시간이 부족하다고 요청해 와 조금이라도 도움을 주기 위해, 현장 경험을 근거로 실기 편을 거의 완벽할 정도로 제시하고자 하였다.

그러므로 가베원리를 공부하고자 하는, 유아교육 현장에 계신 교사들과 가베를 처음 접하는 학생들에게 본서가 훌륭한 길잡이 역할을 할 수 있으리라고 감히 생각한다. 한편으로 이 책은 완성된 책을 낸다는 마음보다는 또 다른 응용편을 준비하고 있으므로 조만간 다시 첨가할 마음으로 출판하기로 결정하였다.

이 책은 2부로 구성되었다. 1부는 프뢰벨의 교육철학을 다루었다. 그의 생애를 시작으로 학문적 발달 과정과 유아교육 현장에서 필요로 하는 이론을 서술하였다. 2부는 프뢰벨의 교육철학을 근거로 실제 활용 방법을 제시하였다.

어찌 되었든 본서가 프뢰벨을 연구하는 모든 분들께 조금이나마 도움이 되는 것이 저자들의 바람이다. 프뢰벨이 꽃이 만발한 어린이 동산과 같은 유치원을 만들어 유아교육을 보급하고자 했던 것처럼, 아름다운 봄날에 어린이들과 생활하는 모든 분들과 출판의 기쁨을 나누고자 한다. 그리고 학문의 문턱에 들어선 정동희 교수님이 험난한 학문의 길을 걸어가고 있는 모습이 때로는 대견스럽고 때로는 힘겹게 보이지만, 어려움을 인내로 극복하면 그보다 더 큰 즐거움을 만끽할 수 있을 것이라는 확신을 가진다.

마지막으로 항상 모든 출판을 어려움 없이 쾌히 승낙해 주시는 창지사 김기섭 사장님과 편집실 사람들에게 감사의 마음을 전한다.

온 세상이 푸르고 꽃으로 단장된 짙은 봄날
아동학과 연구실에서
두 저자가

차례

제1부 프뢰벨 가베 교육의 교육철학

chapter 01 프뢰벨의 생애와 유아교육 사상

프뢰벨은 어린 시절부터 기독교와 밀접한 관계를 가지면서 유년시절을 보냈다. 프뢰벨의 아버지는 목사였기 때문에 자연스럽게 기독교 사상을 접할 수 있었고, 경건하고 엄숙한 기독교 분위기에서 신자로 성장하였다. 이러한 신앙적이고 기독교적인 가정 분위기가 그를 교육자로 성장할 수 있도록 이끌어 준 요인이 되었을 것이다(이상옥, 프뢰벨과 기독교 유아교육, 108).

프뢰벨은 성장하는 과정에 브르크도르프(Burkdorf)에서 고아원을 운영하면서 유아교육에 관심을 가지게 되었다. 고아원에서 생활하면서 초등학교 전 단계인 4-6세 어린이만을 교육할 수 있는 취학 전 학교(Vorschule) 과정을 설치하였다. 브르크도르프에서 부인과 함께 유아교육의 중심은 가정이라는 확신을 가지고 유아교육에서 가정교육의 중요성을 주장한다.

1837년 프뢰벨은 부인과 함께 바드브랑켄브르크(Bad Blankenburg)로 이사하여 지동교수시설(Autodidatische Anstalt)을 설립하였지만 이 기관은 곧 바로 'Beschaftigungstriebes der Kinderheit und Jugend' 로 개칭하여 어린이와 청소년들을 위한 작업 충동을 가르치는 기관으로서 어린이들을 위한 놀잇감과 슈필가베(Spielgabe)[1]를 제작하여 보급하였다.

1) 독일어의 Spielgabe는 우리나라에서 일반적으로 사용하고 있는 가베와 같은 용어이다. 가베, 은물은 모두 같은 의미로 해석된다.

프뢰벨은 어린이들이 창조적인 활동으로 작업할 수 있는 은물의 필요성을 인식하였다. 그러므로 그는 어린이들에게 가베를 제공하여 실제적으로 사물과 더불어 하는 실증적 교육학의 초석을 이루었다고 볼 수 있다. 프뢰벨은 인간의 선천적 본성은 놀이와 게임 그리고 동식물을 직접 사육하고 재배하는 활동을 통해 자연과 조화를 이루면서 개발된다는 것을 깨달았다. 이러한 어린이 교육에서 우주적 자연관의 중요성을 인식한 것은 페스탈로치의 영향을 많이 받은 것으로 알려졌다.

프뢰벨이 아동 교육에 관심을 가지게 된 동기는 페스탈로치를 만나 그의 교육 사상을 받아들이게 되면서부터이다. 프뢰벨은 페스탈로치의 저서인 『게르트루트는 자기 자녀를 어떻게 교육하였는가?(Wie Gertrud ihre Kinder lehrt?)』를 정독하고 감명을 받아 스승으로 받아들이고 그를 따르기로 결심하였다. 특히 교육 원리와 교육 방법을 자기의 교육 활동의 실천적 원리로 받아들였다. 그 외에도 프뢰벨은 노발리스(Novalis), 아른트(Arndt), 피히테(Fichte), 쉘링(Schelling), 슐라이어마허(Schleiermacher)와 같은 낭만주의 사상가들의 영향을 받았다(Gasparini D., Fröbel, in Nuove questione di storia della pedagogia, vol. 2, p. 436).

프뢰벨은 1839년, 가베를 정확하게 교육적으로 활용할 수 있는 교사를 양성하였다. 즉, 가베 유아교육 지도자 양성기관(Bildungsanstalt für Kinderheitführer)을 설치하여 유아교육에 관심 있는 사람들을 교사로 양성했다. 그는 유치원(Kindergarten)이라는 명칭을 처음으로 활용하면서 유아교육에 헌신적인 기여를 했다(Erning G., Geschichte des Kindergartens, 37).

chapter 02 프뢰벨의 아동 발달 단계

1. 프뢰벨의 아동관

프뢰벨의 아동관을 이야기하기 전에 먼저 인간을 어떤 관점에서 보는가를 알아야 한다. 인간 창조설에 대한 질문으로 '인간은 어디에서 왔을까?'를 연구하는 인간 역사의 기원이나 본질, 어린이와 성인의 차이점, 프뢰벨의 인간관의 차이점에 대한 인식이 필요하다. 이러한 이론들은 그의 교육철학에서 다양한 관점으로 다루어지고 있는 이론들이지만, 여기에서는 프뢰벨의 아동관에 대해서만 해석하고자 한다.

1) 프뢰벨은 '인간은 태어날 때부터 무능력한 존재이기 때문에 아주 특별한 존재'라고 말한다(Fröbel F., Menschenerziehung, 64).

무능력한 존재는 교육을 통해서 끊임없이 도야의 길을 걸어야 한다고 말한다. 그리고 인간 교육에서 이러한 무능력한 인간을 지혜롭게 만드는 것이 교육의 목적이라고 말한다.

2) 프뢰벨은 인간에게는 교육을 통해서 의식과 생명을 발전시켜야 하는 사명감이 주어진

다고 보았다.

무능력한 상태에서 무의식적 지능을 의식적 지능으로 발달시키고, 아직 성숙과 발달이 이루어지지 않은 생명을 발아시켜서 인간화의 모습으로 발달시키는 것은 교육을 통해서만이 가능하다고 말한다.

3) 프뢰벨은 인간을 자연적 존재인 동시에 문화적 존재로 보았다.

인간은 생물학적인 측면에서만 발달하는 것이 아니라 역사적, 사회적, 문화적 환경 속에서 자연의 법칙과 더불어 발달할 때 인간의 참모습으로 발달할 수 있다.

프뢰벨은 인간의 본질을 역사적 존재로 규정하고, 역사 속에서 문화, 전통, 공동체, 언어 자체가 역사적 존재임을 증명한다고 말한다. 인간을 역사 속에서 새로운 역사를 창조하는 존재로 본다(위의 책, 69).

4) 프뢰벨은 어린이들은 활동적인 측면에서 삶의 에너지를 충분히 가지고 있다고 본다.

인간은 출생 시 자기 삶을 이끌어 가고 창조할 수 있는 내적 에너지를 가지고 태어나는데, 이를 프뢰벨은 신적인 요소라고 말한다. 이러한 신적 요소가 환경 속에서 자유로워질 때 의식적으로 신에게 순종하게 되고 자기의 내적 에너지를 더욱 활성화시키게 된다고 보았다.

5) 프뢰벨은 어린이들은 전체적이고 세계 지향적인 역동성을 가지고 있다고 본다(곽노의, 이명환, 프뢰벨과 몬테소리, 35).

어린이들은 자기 환경을 극복하여 획득한 관계 형성을 통해서 자기감정, 감각, 지능, 인격을 발달시킨다. 어린이들은 자기 환경에서 세계와 만남으로써 자신을 발달시키고 자아 정체성을 발견하게 된다. 프뢰벨은 이러한 과정을 통해서 인간이 인간의 모습으로 변화되어 간다고 말한다.

6) 프뢰벨은 어린이들의 자기 활동과 자기 작업의 원리는 감각과 활동을 통해서 가능하다고 말한다.

프뢰벨은 어린이들의 정신 발달의 기관인 감각기관을 중요시하였다. 감각이 발달되지 않을 경우 인간은 독립적인 존재가 될 수 없고 항상 무능력한 어린이로 존재한다. 감각은 인간의 성숙을 돕는 제일인자의 역할을 한다.

7) 프뢰벨은 어린이들의 활동 충동으로서 정신을 중요시하였다.

인간 정신은 모든 사물을 인식하고, 지각하고, 분석하고, 통합하고, 비교하고, 수정하면서 자아를 발달시킨다. 어린이들은 내면세계에서 일어나고 있는 모든 작용들을 외적으로 표현하고, 외부세계의 모든 감각들을 내적으로 받아들여 통합하면서 정교하게 기능을 완성한다.

8) 프뢰벨은 어린이들의 놀이를 중요시한다.

놀이는 어린이들의 본능 자체라고 말한다. 프뢰벨은 어린이들의 놀이를 3가지 형태로 구분한다. 첫째는 규칙이 없는 자율적인 활동의 놀이형태, 둘째는 자신의 내적인 근거에 의해서 규칙을 가지는 자기에게 부과된 작업, 즉 의무감이라고 할 수 있는 놀이 형태, 셋째는 자기 자신이 정한 규칙과 함께 자율성을 요구하는 자유 작업 형태의 놀이다(Gasparini D., Fröbel., in Nuove questione di storia della pedagogia, vol. 2, p. 446).

그러므로 프뢰벨에 의하면 유아교육기관은 우선적으로 활동하는 학교가 되어야 하고, 이러한 학교만이 어린이들의 자발적인 활동을 이끌어 낼 수 있다고 말한다. 활동학교는 단순하게 놀이활동만을 강조하는 것이 아니라 어린이들의 놀이 속에는 활동성이 내포되어 있기 때문에 어린이들이 독립적으로 생활하도록 만드는 근본적인 요인이다(Gasparini D., 위의 책, 447).

2. 프뢰벨의 아동 발달 이론

1) 0-1세의 유아기 발달 이론

프뢰벨은 어린이들의 발달 단계를 0-1세의 유아기와 1-6세의 아동기로 구분하였다.

첫 발달 단계인 0-1세의 유아기 발달 과정에서 나타나는 현상을 살펴보면 다음과 같다.

(1) 본능적으로 타고난 모든 내적 요소와 활동을 외부로 표현하는 단계이다. 이 시기는 감각활동, 신체활동, 근육활동이 이루어지면서 인간이 필요로 하는 가장 기본적인

발달이 이루어지는 시기라고 한다.

(2) 이 시기에는 발달이 진행되지만 아직 모든 기능들이 미완성 상태에 있으면서 서로 통합적인 발달을 시작한다고 말한다.

(3) 영아들은 사지가 발달하면 내적인 것보다는 외적으로 표현하려는 성향이 있다. 내적인 것을 밖으로 표현하면서 형상화하려고 노력한다.

(4) 영아들이 운동, 소리, 말로써 자기 욕구를 표현하려고 노력하는 시기이다.

(5) 영아들은 교사, 사물, 환경과의 상호작용을 통해서 인지를 발달시킨다. 영아들에게 성인처럼 설명해 주고 자극을 주며, 실생활에 필요한 언어를 사용하여 언어적 상호작용을 하는 것이 교육적이다.

(6) 영아들의 초기 경험을 중요시 하는 시기이다. 영아들에게 긍정적인 경험을 할 수 있도록 협조하여야 한다. 자기 주변에서 삶에 필요한 모든 것을 경험하도록 환경을 준비하여 제공하여야 한다.

(7) 영아기는 특별한 애정적 지원이 필요하고 자유롭게 활동할 수 있도록 놓아두어야 하지만, 모든 사물, 사람과 상호작용이 가능한 상태를 의미한다.

(8) 프뢰벨은 영아기에 사회적 상호작용을 할 수 있는 미소를 중요시한다. 그는 영아들의 미소를 두 번째 영아기라고 말하면서 미소는 영아가 오직 다른 사람들에게 스스로를 표현할 수 있는 능력을 이해시키는 표현수단이고, 할 수 있다는 것을 이해시키는 것이고, 다른 사람이 자기를 위해서 할 수 있음을 이해시키는 통교수단으로 보았다(프뢰벨 M., Menschenerziehung, 22).

영아기의 미소는 자기감정을 전달하고 받아들이는 수단이며, 부모-자식 사이의 공통적인 감정 표시인 동시에 통교 수단이다. 프뢰벨은 영아기는 구체적이지는 않지만 가장 단순한 언어를 사용할 수 있는 기본적인 표현 방법이 발달하는 시기라고 말한다.

2) 1-6세의 유아기 발달 이론

프뢰벨은 이 시기를 언어 발달, 운동 발달, 내적 형상의 충돌이 이루어지는 시기이며, 표현 욕구와 본능적인 요소들이 모두 놀이와 관계된다고 말한다.

(1) 이 시기는 외적인 표상을 통해서 내적인 표상을 가시적으로 만들고, 내적인 것과 외적인 것을 추구하며, 외적 내적인 것을 통합하여 교육을 시작하는 시기라고 말한다(프뢰벨 F., Menschenerziehung, 34). 그러므로 이 시기는 내적, 외적 발달을 위해서 다

양한 학습재료가 필요한 시기이다. 유아들에게 있어 언어를 구사할 수 있는 능력의 발달은 사람 혹은 사물과의 상호작용을 통해서 내적 표현을 할 수 있는 동기 부여를 받음으로 가능하다고 말한다. 그러므로 부모들과 교사들이 작업을 하면서 항상 어린이들과 대화를 지속하는 것이 중요하다.

(2) 이 시기의 어린이들에게는 도형, 종이접기, 블록 쌓기, 점토놀이 등과 같이 매체를 제공하여 오감을 활용할 수 있는 기회를 만들어 주는 것이 중요하다.

(3) 이 시기의 어린이들에게는 직접적인 교육방법보다는 간접적인 교육방법으로, 자기 스스로 모든 자연과 사물을 직접 관찰할 수 있도록 직관의 원리를 활용할 수 있는 기회를 제공하는 것이 중요하다. 직관은 직접적인 경험을 할 수 있는 기회를 제공하는 것이다.

(4) 프뢰벨은 어린이들의 놀이와 표현 능력을 가장 고차원적인 교육방법으로 생각하였다(Fröbel F., Menschenerziehung, 36).

놀이는 어린이들의 정신을 통해서 그들이 내적 세계를 가장 훌륭하게 표현하고, 기쁨과 자유를 동시에 느끼도록 만드는 활동이라고 한다. 놀이는 선의 원천인 동시에, 내적 안정감과 세계를 통합하여 긍정적인 자아상으로 발달시킨다.

(5) 프뢰벨은 놀이를 어린이들의 본능적인 현상과 교육적인 현상으로 고려한다.

그는 어린이들의 활동을 놀이 형태로 보면서 교육적인 방법과 수단으로 활용하려고 했다. 어린이들을 위한 교육은 그들의 놀이 활동을 조직적으로 구성하는 것이라고 한다.

(6) 이 시기의 어린이들은 자발적이며 자유놀이를 즐긴다. 이러한 어린이들의 놀이를, 전인적으로 인격을 발달시키고, 사회적 활동을 시작하고, 신체적 운동을 동반하는 통합적인 교육활동으로 본다.

3) 프뢰벨의 교육심리학 이론에 근거한 발달 단계를 살펴보면 다음과 같이 요약할 수 있다(곽노의, 이명환, 프뢰벨과 몬테소리, 51).

① 1단계는 자아정체성이 거의 드러나지 않은 상태라고 할 수 있다.

신생아기에서 영아기 초기로서 대부분 수면을 취하면서 자아에 대한 개념이 전혀 발달되지 않았기 때문에 기본적인 감각기관을 통해서 환경과 상호작용을 하면서 부모와 공존의 시기를 지낸다. 이 시기의 영아들은 환경 속에서 사물을 흡수하지만 거의 무의식적으로 흡수한다. 그들의 정신적 구조의 틀은 자기 스스로 창조할 수 있는 능력만을 소유한 것이다. 아직 자아와 타-자아의 인식이 발달되지 않은 단계이다. 단순하게 표현하면 무-정체성과 무의식 상태라고 할 수 있다. 그러나 모든 발달 단계는 학습-도야의 단계와 의식수준의 단계가 병행하는데, 1단계에서 학습-도야의 단계와 의식수준의 단계인 다음 단계를 정상적으로 발달할 수 있도록 돕는 준비단계라고 할 수 있다. 사물과 환경의 상호작용으로 인해서 스스로 발달을 안내하고 있다는 것이다.

② 2단계는 4개월에서 1세의 발달 단계로서 인간의 발달 단계 중에서 정신적 · 육체적으로 가장 다양하게 발달하는 시기이다.

이 시기는 특히 사물에 대한 직관력이 발달하고 사물을 받아들이는 흡수력이 강하다. 자아와 타-자아의 변별력이 발달하면서 자아에 대한 개념이 형성된다. 그리고 영아는 외부세계에 대한 관심, 사람과 관계 형성을 위한 관심, 자연, 동식물에 대한 관심을 나타낸다. 출생에서 1세까지는 인간으로 기본적인 발달이 가장 활발하게 이루어지는 시기이다. 프뢰벨은 가베를 통해서 발달을 안내하고 있다.

③ 3번째 단계는 1-6세까지의 유아기이다.

이 시기는 어린들의 소근육, 대근육 발달이 왕성하게 이루어지는 시기이다. 어린이들은 더욱 외부세계에 관심을 가지게 되며, 내적인 것을 외부세계에 표현하려고 노력한다. 그리고 삶을 위한 가장 기본적인 부분들을 학습하고 익히며 다음 발달 단계를 위한 준비를 한다. 또한 자기 내면의 세계를 무의식적으로 표현하면서 기능들이 점차적으로 분화되는 단계를 거친다. 그런 다음 어린이들은 자기들의 언어적 표현, 수 개념, 리듬감각, 율동 등을 정확하게 표상하는 단계에 이르게 된다.

④ 네 번째 단계는 6-10세까지이다.

이 시기는 어린이들이 내적인 것을 의식화하려는 성향이 나타나고, 모든 사물과 상상력을 정확하게 표상할 수 있는 능력이 발달한다. 어린이들은 외부세계에 관심을 가지고, 그동안 내부세계에 가지고 있던 모든 상들을 활용하여 밖으로 나가려는 성향을 가진다.

⑤ 다섯 번째 단계는 10-14세의 단계이다.

이 시기에는 외부에서 일어나는 모든 사실들의 내면에는 자연적인 법칙과 규칙이 있다는 것을 인지하게 된다. 그리고 외부의 이러한 현상들에 복종하고 사회 속에서 자기의 정체감을 찾으려 노력한다. 자연현상과 우주 그리고 문화에 대한 관심과 상상력이 증가되는 시기이다.

⑥ 여섯 번째 단계는 14-24세의 단계이다.

이 시기는 객관적 자아와 주관적 자아가 분명하게 인식되는 시기다. 그리고 사회적 규범을 따르려고 노력하는 단계이다. 스스로의 내적 성찰을 중요시하고 사물과 모든 관계에서 분명한 개념을 중요시한다. 인간적으로 성숙하는 시기이다.

위에서 설명하고 있는 프뢰벨의 교육심리학적 이론을 그림으로 간단하게 설명하면 다음과 같다.

〈표 1〉

단계	연령	행위 → 그래픽적 표현
I	태어나서 ~3개월	수면의 3개월, 무의식적인 전체성, 어머니와 어린이의 일치, '불분명한 직관'
II	4개월~1세	주체 객체의 분리 '특정한 직관'
III	1세~6세	내적인 것의 무의식적인 표현/ 분화(언어, 숫자, 톤, 색채, 리듬, 멜로디) '명확한 표상'
IV	6세~10세	내적인 것을 의식화 '명확한 표상'
V	10세~14세	외부적인 것 배후의 내적인 것을 인식
VI	14세~24세	내적인 자기 성찰 속에서 내적인 것을 인식 '분명한 개념'

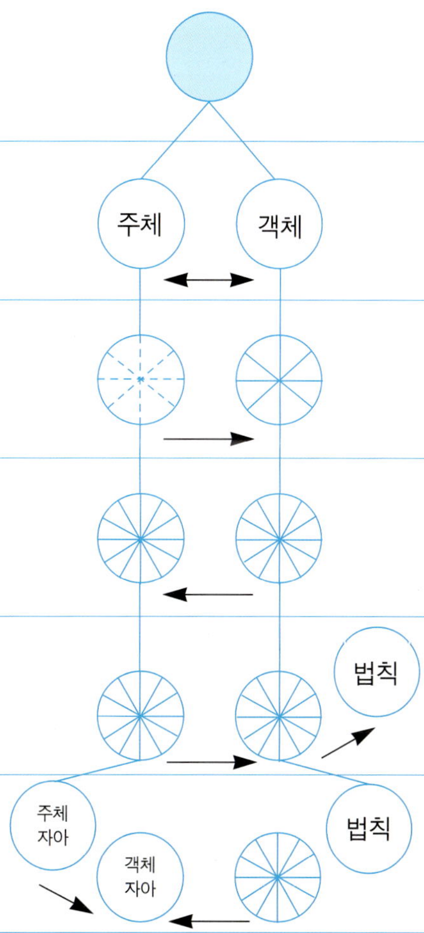

3. 프뢰벨에 있어서 어린이들의 종교심과 사회성

프뢰벨의 어린이를 위한 종교관을 이해하기 위해서는 신에 대한 개념을 이해하여야 한다. 프뢰벨 자신이 가장 원했던 어린이 교육을 현실화할 수 있는 어린이 동산은 바로 하느님의 동산이라고 말한다. 그러므로 프뢰벨은 신의 본질을 인간 안에서 발달시켜야만 하고, 모든 것은 하느님으로부터 진행되고, 신성한 대화를 하여야 하며, 모든 것 안에 신이 존재하고, 모든 것은 신을 향해 존재한다고 말한다(Gasparini D., Fröbel, in Nuove questione di storia della pedagogia, vol. 2, p. 450).

다른 한편으로 모든 인간은 사기의 내변세계 안에서만 신을 발견할 것이 아니라 자연 속에서도 신을 발견하여야 한다. 신은 성서 속에서, 인간 속에서, 자연 속에서 계시된다. 그래서 프뢰벨은 어린이 교육을 위해서 가베를 교실로 제한하지 않고 어린이 동산으로 확대시켰다.

오히려 프뢰벨에게 자연은 하느님과 이야기하는 곳으로서 아주 논리적이고 진실한 대화의 장소이며, 하느님의 특성을 기록하는 곳이다. 그는 어린이를 위한 자연의 찬양론자이다. 그러므로 프뢰벨을 생태학적인 관점에서 이해하려는 것은 그가 바로 어린이 동산인 자연 속에서 어린이를 교육할 것을 인간 교육에서 강조하고 있기 때문이다.

프뢰벨의 종교관을 살펴보면, 어린이들에게 있어 예수 그리스도는 이러한 신성한 자연을 해석해 주는 분이라고 생각한다. 예수님만이 거룩한 신성을 해석할 수 있는 분이고, 자연에 대해 우리 안에서, 그리고 우리의 것을 그분과 비슷하게 이해할 수 있도록 만드는 예수 그리스도는 자연 창조의 심오한 개념을 충분히 조화로워지도록 만들 수 있는 분이시다.

프뢰벨은 동시에 예수 그리스도는 하느님과 충분히 일치하고 있기 때문에 관념적인 사람이라고 말한다(위의 책, 452). 예수 그리스도는 우주의 신법인 정의와 진리를 향하도록 인도하는 분이다. 또한 우리를 하느님께로 안내하는 위대하고 훌륭한 스승이시다. 그러므로 어린이를 위한 진실하고 유일한 교육 목적은, 하느님과 일치될 때까지 자유로운 선택, 독립심, 자유와 함께 인간다움으로 진화하면서 자기들의 사명감을 일상생활 속에서 충실하게 현실화하도록 지도하는 것이다(위의 책, 451). 프뢰벨은 어린이들에게 "예수 그리스도는 자기들의 모델이시고, 모범자이시고, 길이고, 생명이고, 진리이시다."라고 말한다. 프뢰벨의 모든 교육학은 어린이들이 예수 그리스도를 모델로 삼으면서 종교심이 생활에 침투되도록 지도하는 것이다. 어린이들에게 그리스도적인 삶으로 살아가도록 가르치고 예수님 안에서 그분의 말씀을 듣고, 그분을 알아가고, 그분을 느끼면서 완전하고 모범적인 생활을 하도록 지도하여야 한다(Schaffenhauer H., Boldt R., Die Bedeutung Friedrich Fröbel für die Vorschulerziehung, in Beiträge zur Geschichte der Vorschulerziehung, 177).

프뢰벨은 그리스도적인 어린이들은 하느님 안에서 조화롭게 일치하여야 한다고 말한다. 프뢰벨은 어린이 동산(Giardino di bambini)을 은총의 정원(Dono di giardino)이라고 부르면서, 어떤 어린이들이든 그곳에서 생활할 권리가 있다고 말한다. 즉, 모든 어린이들은 은총의 정원에서 자유롭게 놀 수 있는 자유가 있으며, 자기들만의 자리가 있음을 알아야 한다고 말한다.

프뢰벨에 의하면 어린이들은 어린이 동산에서 사회적 관계를 맺으면서 활동을 시작한다. 그는 어린이들을 위한 학교는 다중적 활동을 창조적 법칙에 따라서 어린이들에게 가르치는 곳이라고 본다. 그리고 인간은 자기 목적을 성취하여야 하기 때문에 창조 법칙을 자신 안에서 발견하여야 하며, 자신의 내면세계에서 활동하도록 스스로 자극하는 존재라는 것을 인식하여야 한다고 본다. 그는 어린이들의 인지는 사물 자체로부터 학습되고 행동은 사회적 활동으로부터 발달한다고 말한다(Gasparini D., Fröbel, in Nuove questione di storia della pedagogia, vol. 2, p. 452).

모든 어린이들은 자기들의 능력과 힘으로 최선을 다해서 작업 활동을 완성하고 노력하려는 성향이 있기 때문에 어린이들은 작업하면서 이해하고, 활동하고, 새로운 관계를 형성한다. 그에 의하면 어린이들은 다양한 실증적 경험을 위해서 생산적인 작업을 하여야 하지만, 특별히 완성을 표현하기 위한 것은 아니라고 한다.

프뢰벨은 하느님이 가장 훌륭하게 행동으로 행하시는 분이라고 표현하면서 어린이들도 모범적인 행동으로 인격을 완성하여야 한다고 말한다. 모든 가베는 어린이들의 행동이 가장 훌륭하게 발달되어 가도록 돕는다. 만약에 어린이들의 주변인 소우주에 아무것도 없다면 무기력한 존재가 되겠지만, 어린이들은 가베를 통해서 모든 내적인 상을 표상하려는 성향을 드러내고, 이러한 성향으로 사회적 관계가 형성된다고 보았다. 어린이들은 사회적 관계를 통해서 무엇인가를 생산하고 즐거워한다(위의 책, 454).

프뢰벨은 하느님이 창조 작업을 진행하고 있는 것처럼 어린이들도 그분의 창조 작업을 모방하여 창조 작업에 동참할 수 있도록 사회적인 관점에서 지도하여야 한다고 말한다. 그는 어린이들을 행하고 활동하도록 지도하는 것이 사회적 관계의 기초라고 한다.

프뢰벨은 어린이들의 작업 결과인 생산성을 중요시한다. 모든 것의 근거는 단순한 활동에 있고, 유아들의 단순한 활동은 사회적 관계를 맺는 기초이다. 그는 철학에서 윤리학까지, 윤리학에서 교육학까지 그리고 교육학에 있어서 첫 유아기의 놀이 활동과 작업 활동은 어린이들에게 우유와 같은 것이라고 말한다(위의 책, 453). 그는 어린이들이 작업 활동에 순서가 있고 질서가 있다는 것을 놀이를 통해 인식하면서 자연스럽게 사회성을 발달시킨다고 본다.

어린이 동산에서 실천적인 것이 작업 활동과 연결되는 것은 사회적 요인과 밀접한 관계가 있다. 만약에 어린이가 개별 활동만 한다면, 모든 작입을 자기 의지와 생각만으로 행하기 때문에 영웅심만 발달하고 사회적 관계가 형성되지 않지만, 반대로 어린이가 다른 어린이들과 함께 작업을 한다면 다른 어린이의 의지를 수용하고 사회적 활동법칙에 복종하는 것에 습관이 될 것이다. 프뢰벨에 의하면 어린이들은 이러한 사회적 놀이에서 이미 다른 친구들의 놀이 질서와 순서를 수용하고 미래의 사회적 작업에 대한 훈련을 하는 것이라고 한다. 다시 말하자면 어린이들은 생산적인 작업을 통해서 사회적 관계를 형성한다는 것이다.

4. 프뢰벨의 교육철학에서 의미하는 상징의 의미

프뢰벨의 아동교육 사상에서 나타난 상징의 의미는 대단히 중요하다. 독일어에서 '상징(Sinnbild)' 의 어원학적 의미는 '짜 맞추다' 와 '비교하다' 라는 의미의 희랍어 '심발레인(Symballein)' 에 그 기원을 둔다. '짜 맞추다' 라는 말은 부서진 물건을 연결하여 다시 결합한다는 의미이지만 원래 프뢰벨이 의도하는 상징의 의미는 입방체의 한 부분을 잘라낸 것을 다시 정확하고 완전하게 결합하는 것을 의미한다. 부분이 모여서 전체를 이루고 전체는 한 부분으로 형성된 형태이다(정인숙, 프뢰벨 교육사상에서 상징의 아동 교육적 의미에 관한 연구, 26). 그러나 독일어의 '상징(Sinnbild)' 이란 용어를 해석학적인 측면에서 풀어 나가면, 이는 'Sinn' 과 'Bild' 의 합성어로서 'Sinn' 은 '의미' 로 이해되고 'Bild' 는 '심상' 을 의미한다. 즉, 의미와 심상으로서 심상이 가지고 있는 의미로 해석된다(Schaffenhauer H., Boldt R., Die Bedeutung Friedrich Fröbel für die Vorschulerziehung, in Beiträge zur Geschichte der Vorschulerziehung, 179). 그러나 여기에서는 상징을 학문적으로 서술하기보다는 어린이들에게 상징이 주는 의미가 더 중요하다고 생각한다.

그러나 일반적으로 상징은 '인식할 수 있는 정신'을 의미하며, 어린이 교육을 위해서 상징에 대해 관심을 가지는 것은 철학적인 분석보다는 실제적으로 상징의 의미를 교육 현장에 도입하는 방법에 근거한다.

1) 프뢰벨은 상징을 어린이들이 모든 자연현상을 이해하는 열쇠인 동시에 정신현상을 받아들이는 형식으로 보았다.

그에게 있어 상징은 만물의 근원인 신의 존재와 연결될 수밖에 없다(위의 책, 28).

2) 인간들은 신을 통해서 자기 존재를 드러내는 것이다.

이는 세상 만물을 주관하는 절대자인 신을 통해서 인간의 존재를 외부로 드러내기 때문이다. 모든 인간은 신적 요소, 종교적 잠재능력을 소유하고 있다. 어린이들이 내적인 것을 외적인 것으로 드러내는 것을 상징으로 보았다(위의 책, 28). 이러한 의미에서 어린이들의 외적 활동은 상징적 의미를 가지고 있다고 볼 수 있다.

3) 모든 인간, 모든 사물이 외적으로 드러내 보이는 것에 숨겨져 있는 속성은 상징이라고 말할 수 있다.

그 속성 속에는 신의 작용이 숨겨져 있다는 것이다. 모든 속성은 신에 의해서 작용하고 작용하는 과정은 상징적 의미를 가진다.

4) 프뢰벨이 말하는 상징의 의미는 예감의 의미를 포함한다.

예감(Ahnung)은 어린이들의 세계를 이해하는 방법으로 유아 초기의 어린이들은 개념적이고 논리적으로 세계를 이해하는 능력은 없지만 사물을 미리 추측하는 어떤 예감이 있다. 인식 대상에 숨겨져 있는 본질을 분명하지 않게 받아들이는 과정을 예감이라고 한다(위의 책, 24).

5) 어린이의 놀이는 바로 상징을 의미한다.

가베는 놀이의 한 부분이며 정신적 표상 활동 현상이다. 어린이의 측면에서 볼 때 놀이를 통해서 상징은 고차원적인 정신활동으로 작용한다.

6) 어린이들은 내면세계에 잠재해 있는 의식적이고 감정적인 예감을 통해서 생명과 상징을 구체적으로 발달시킨다.

어린이들이 생명을 이해하는 가장 근본적인 요소가 상징이 된다. 그러므로 가베의 가장 근본적인 원리는 입체와 면 그리고 선과 점으로 연결하여 상징성을 가지는 것이다.

5. 프뢰벨의 교육철학에서 슈필가베(Spielgabe)의 의미

우리들에게 잘 알려진 프뢰벨이 제작하여 어린이들에게 교육을 위해서 제공한 것을 가베(Gabe) 혹은 슈필가베(Spielgabe)[2]라고 부른다. 독일의 헬무트 하이란트(Helmut Heiland)는 『프뢰벨의 유아교육과 놀이이론(Vorschulerziehung und Spieltheorie)』이라는 저서를 출판하였고(Fröbel F, Vorschulerziehung und Spieltheorie), 에리카 호프만(Erika Hoffann)은 『프뢰벨의 슈필가베(Spielgabe)』라는 저서를 출판하여 프뢰벨의 슈필가베의 이론과 실기를 이해시키는 데 기여하였다(Fröbel F, Die Spielgabe).

슈필가베는 어린이들의 내적 능력을 표상할 수 있도록 충동하고 자극하는 데 활용한 교육매체라고 할 수 있다. 어린이들의 내면에서 작용하는 내적 충동, 즉 호르메는 슈필가베를 통해서 표상된다. 다른 한편으로 가베는(Gabe)는 '주다(Geben)' 라는 동사와 명사인 '재능, 천성(Begabung)' 의 의미를 가지고 있지만, 가베의 원래 의미는 그리스어의 호르메(Horme)에서 유래했다. 호르메는 인간의 본능적인 활동력으로 어린이들이 본능적으로 가지고 있는 활동력과 본능적인 창조적 능력을 의미한다(Fröbel F, Die Spielgaben, 29).

프뢰벨이 놀이작업에 처음으로 공(Ball)을 어린이들에게 제공한 것은 1838년이었다. 공(Ball)의 의미는 모든 것으로부터 하나의 형태를 의미한다. 그러나 공은 외적 자극이

2) 독일어의 슈필가베는 놀이가베와 같은 용어이다.

없이도 혼자서 움직일 수 있기 때문에, 알파벳 'B'와 '모든(All)'이라는 문자가 합성되어 '공(Ball)'이라는 단어를 만들어 낸 것이다(Schaffenhauer H., Boldt R., Die Bedeutung Friedrich Fröbel für die Vorschulerziehung, in Beiträge zur Geschichte der Vorschulerziehung, 175).

프뢰벨은 이러한 공의 원리를 근거로 유아교육을 위한 가베를 창안하였다. 프뢰벨은 가베를 어린이들의 발달하는 지능과 내적 에너지를 외부세계로 이끌어 내는 교육매체로 활용하였다. 슈필가베의 특성을 살펴보면 다음과 같다.

1) 슈필가베는 어린이들의 능력을 발달시키는 가장 기본적인 교육 매체이다.

어린이들의 전인적 인격 발달을 위해서는 어떤 감각의 대상이 필요한데 이를 충족시켜 줄 수 있는 것이 바로 슈필가베다. 슈필가베를 통해서 본능적인 요소, 본능적인 에너지, 정신적 현상, 의지력, 잠재능력을 발달시킬 수 있다. 어린이들은 놀이 없이는 심리운동이 이루어지지 않을 뿐만 아니라 모든 감각기관을 자극할 수 없다.

2) 슈필가베는 어린이들의 생명력을 자연적으로 발달시킬 수 있다.

어린이들에게 내재되어 있는 생명력은 신적 힘과 일치되는 것이다. 신적 힘은 어린이들의 내면에 내재되어 있는 본능적인 힘을 상징적으로 표출하는 것이다.

3) 슈필가베는 어린이들의 활동 욕구와 학습 욕구를 충족시키는 도구의 역할을 한다.

슈필가베는 놀이 형태로 어린이들의 감각과 협응 능력을 발달시키는 것이다.

4) 슈필가베는 어린이들의 기본적인 신체 발달을 교육하는 매체이다.

6개의 털실로 구성된 공을 영아들이 만짐으로써 감각과 촉각을 훈련하여 자유롭게 신체활동을 학습한다. 손가락으로 털실 공을 자유롭게 만지는 훈련을 한 다음, 다음 단계로 정확하게 사물을 잡을 수 있는 학습을 하게 된다.

5) 슈필가베 중 제1가베 공을 통해서 어린이들의 감각을 훈련시키고 다른 감각기관과의 협응 능력을 발달시키도록 하였다(Fröbel F., Die Spielgabe, 24).

예를 들면 1세밖에 안 된 영아들의 감각을 발달시키기 위해서 어머니의 노래와 애무의 노래를 통해서 청각훈련을 시도하였다. 촉각 발달을 위해 공을 통해서 시각을 동시에 발달시키도록 하였다(위의 책, 22). 접시에 공을 얹어 놓고 돌리는 운동을 함으로써 집중력을 강화시켰다. 폭신한 털실 공과 딱딱한 정육면체를 통해서 부드러움과 견고함의 차이점을 인식하는 촉각 학습을 하게 된다. 아래의 슈필가베에서 보듯이 1가베를 움직이면서 모든 감각의 협응 능력을 발달시킬 수 있다. 손으로 슈필가베를 움직이도록 운동하는 것이다. 손 운동은 아래 그림에서 설명하고 있다.

〈그림1〉

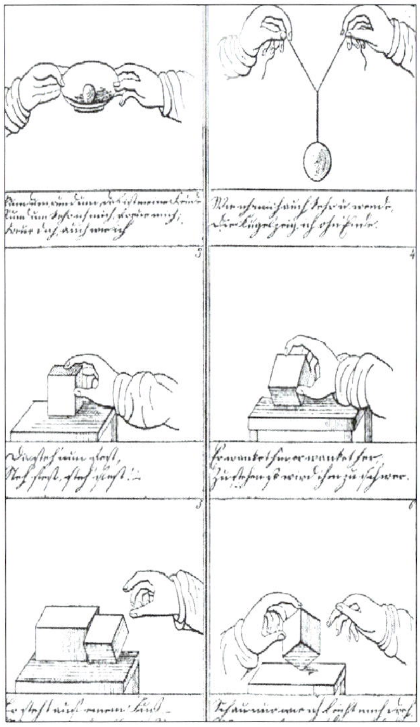

〈그림2〉

〈그림1〉 그릇에 공을 넣고 둥글게, 둥글게, 재미있도록 공을 돌리지만, 돌리지만 여전히 끝이 없어요, 자 여기에, 정육면체가 움직여요. 정육면체가 한쪽 모서리로 서 있어요. 한 꼭짓점으로 내가 돌리는 것을 보세요.

〈그림 2〉 저기, 여기, 이쪽, 저쪽, 저쪽으로 넘어서, 탕, 탕, 탕, 높은 곳으로 뛰고, 뛰고, 뛰고, 빙 돌리고, 왼쪽, 오른쪽으로 돌리고, 낮게, 여기에 원을 만들고, 빨리 뛰고, 공이 여기 있어요, 공을 잡아요(Fröbel F., Die Spielgaben, 60-61).

〈그림3〉

〈그림4〉

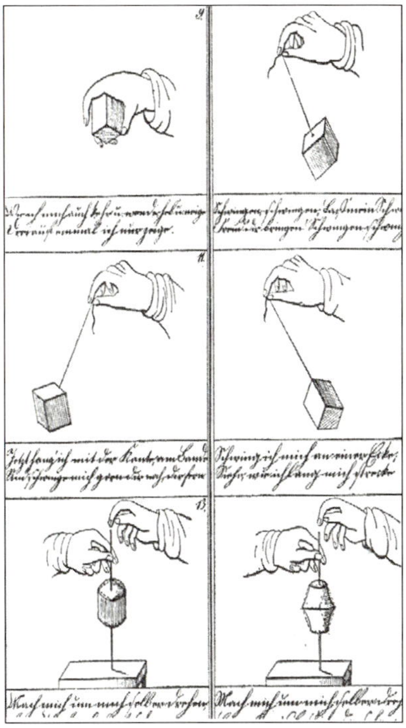

〈그림 3〉 이쪽으로, 저쪽, 이쪽 위로, 이쪽, 저쪽 아래로, 뛰어서 위로, 굴러, 굴러, 굴러, 다시 나와, 좁게 뛰어, 넓게 뛰어, 높게 뛰어, 당겨, 당겨, 소리 나게 튕기세요, 흔들어 보세요.
〈그림 4〉 돌려 보지만 세 면만 보여요, 흔들어 흔들어 보세요, 끈을 한 면에 매달고 멀리 가도록 흔들어 보세요. 끈을 모서리에 달아서 흔들어 보세요, 돌아가도록 하세요. 원통으로 보이지요, 돌아가도록 하세요. 원으로 보일 거예요.

위에서 보는 것처럼 어린이들은 감각과 시각을 통해서 외부 세계의 사물을 받아들이고 이를 정신세계에 각인시키는 작용을 한다. 시각은 모든 사물을 머릿속으로 끌어들여 정신이 작용할 수 있도록 중계 역할을 하는 기능을 가진다. 시각과 촉각은 정신작용을 진행하도록 촉진하는 뇌에 자극을 직접 전달하는 역할을 한다.

6) 슈필가베는 어린이들에게 기본적인 신뢰감을 형성한다.

프뢰벨은 어린이들이 처음으로 어머니의 노래와 애무의 노래를 들으면서 어머니의 가슴에 안기어 애무의 노래를 듣고, 따스한 어머니의 냄새를 맡고, 애정적 상호작용을 통해서 신뢰감을 형성한다고 말한다. 영아들에게 기본적인 신뢰감이 형성되면 슈필가베와 놀이를 통해서 제2의 신뢰감을 형성한다.

7) 어린이들은 슈필가베를 통해서 사물과 접촉하면서 자신감과 만족감을 느낀다.

어린이들은 자기가 하고자 하는 활동을 즐겁게 마치면 만족스러움을 표현한다. 이는 스스로 독립적으로 무엇인가를 해냈다는 징표이기도 하다.

8) 슈필가베는 어린이들의 의지력을 발달시키는 데 도움을 준다.

어린이들이 여러 가베, 사물 중에서 자유 선택을 하고, 작업의 어려움을 인내로 극복하고, 작업 완성을 위해서 어려움을 극복하여 작업의 중요성을 인식하는 것은 모두 어린이들의 의지적 활동에서 발생하는 것이다. 어린이들이 작업을 진행하면서 응용하려는 성향은 바로 의지적인 활동으로 생각하여야 한다.

9) 슈필가베는 어린이들에게 주의력과 집중력을 증가시킨다.

집중력은 사물과 일치하여 목표를 위해 활동을 강화하고 정신과 의지를 스스로 통제, 조절하는 활동이다. 어린이들의 집중력은 사물을 이해하고, 사물에 관심과 흥미를 가지고, 사물과 일치되는 순간에 이루어진다. 어린이들은 자기가 자유 선택한 은물을 가지고 흥미롭게 작업할 때 관심을 집중시키면서 집중화의 정점에 도달한다.

10) 슈필가베는 어린이들이 사물의 속성을 이해하도록 돕는다.

공은 우주 만상에 존재하는 가장 원시적이고 고전적인 형태로서 다양한 의미를 제공한다. 어머니의 둥근 뱃속에서 인간은 생명을 잉태시키고, 둥근 우주 공간에서 인격화를 시작하고, 둥근 원형 집에서 삶을 발전시킨다. 즉 가베를 통해서 사물의 속성, 형태, 크기, 무게, 운동원리, 사물과 공간개념 등을 학습한다.

11) 슈필가베는 사물의 속성을 분석하고, 구성하고, 종합하는 특성을 학습한다.

어린이들은 가베를 통해서 얻어진 경험을 근거로 대상의 속성에 따라서 재구성하여 기본적인 수학 원리, 기하학의 원리, 도형 구성, 사물과 사물의 연결 구성 등을 학습한다. 어린이들의 가베 작업은 즉시 창의적 활동으로 발전하고 사물의 속성에 대한 정확한 이해를 촉진시킨다.

은물을 활용할 수 있는 발달 시기를 그림으로 표현하면 다음과 같다(곽노의, 이명환, 프뢰벨과 몬테소리, 120).

〈표 2〉

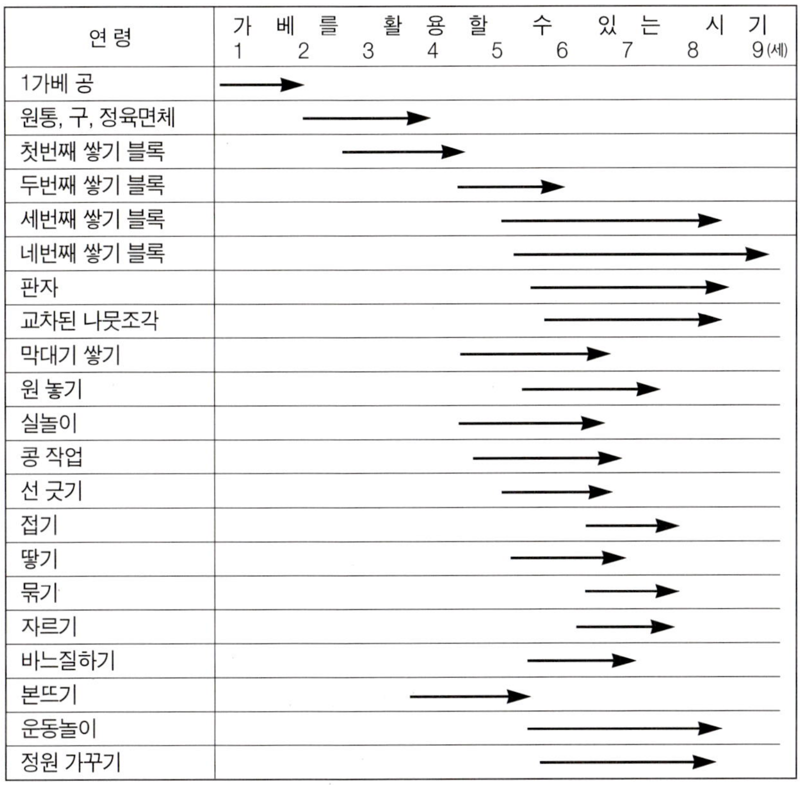

프뢰벨의 가베는 어린이들의 연령에 맞게 제시함으로써 그들의 내면세계에 잠재해 있는 발달 능력을 이끌어 내고 내적 에너지를 통해서 정상적으로 자기들의 인격을 완성한다.

12) 슈필가베는 어린이들의 상상력을 증진시킨다.

상상력은 어떤 사물이 주어지면 경험으로 그와 연관된 다른 속성을 유추해 내는 것이다. 어린이들은 아직 정신적, 육체적으로 발달되지 않은 기능들을 돕기 위해 사물, 경험, 환경이 준비되어야 한다. 어린이들은 환경을 통해서 상상력을 발달시킨다. 어린이들에게 상상력은 예술적 창조성을 자극한다. 그러므로 상상력을 발달시킬 수 있는 도구와 방법으로 구체적인 슈필가베를 제공하였다.

프뢰벨의 슈필가베는 인간이 지속적으로 생물학적 진화를 진행하는 데 있어 생명의 힘을 충동할 수 있도록 돕는 것으로, 교육 방법에서 중요한 위치를 차지한다.

chapter 03 프뢰벨의 인간교육 원리

프뢰벨의 교육 사상의 전반적인 것을 대표하는 저서인 『인간교육(Die Menschenerziehung)』의 원리를 살펴보기로 한다.

1. 통일의 법칙

프뢰벨의 통일의 법칙은 신과 인간 그리고 자연의 합일을 이끌어 내는 법칙을 의미한다. 형이상학적인 측면에서 인간은 '나' 라는 실존적인 측면에서 출발한다. 나는 한 존재의 일부분으로서 전체적으로 완전한 존재이며 인류 전체의 한 부분적인 것임을 의미한다(프뢰벨 F., Menschenerziehung, 39).

통일의 법칙은 신과 자연 그리고 인간의 합일의 법칙이다. 만물에는 영원한 법칙이 깃들여 있는데, 이러한 영원한 법칙은 만물을 움직이고, 작용하고 지배한다(Fröbel F., Menschenerziehung, 40). 인간 내부에 존재하는 정신을 자연의 힘에 의해 외부로 이끌어 내고, 외부의 자연은 정신을 통해서 내부로 표상된다. 이 두 가지를 하나로 통일시키는 것이다.

프뢰벨은 인간교육론에서 만물에는 영원한 법칙이 깃들여 있으며 그것이 만물을 작용하고 지배하고 있다고 본다. 이 영원한 법칙을 인식하고 의식하는 것, 즉 그 법칙의 근본과 본질, 통합과 관계성에 대한 통찰과 신적인 통합체로서의 생명에 대한 지식, 이것이 바로 과학이고 인간학인 것이다(프뢰벨, F., Menschenerziehung, 13). 다시 말하자면, 통일의 원리는 단적으로 신성에 두고 있다. 그의 통일 사상 역시 신에 의한 것이다. 그러므로 프뢰벨의 통일의 법칙을 요약하면 다음과 같다.

첫째, 신은 우주를 지배할 수 있는 영원한 법칙을 소유하고 있다.

둘째, 신은 만물의 유일한 법칙이다.

셋째, 영원한 법칙이 작용하고 만물을 지배하는 신적 법칙(Gottheit)이다.

넷째, 영원한 법칙은 모든 것을 운동하고(Motus), 모든 것을 명령하고, 모든 생명력을 지배한다.

다섯째, 우주의 모든 것 속에는 통일의 법칙이 깃들여 있다.

여섯째, 영원한 법칙은 공의 원리와 같은 것이다.

만물을 지배하는 법칙인 신성(Gottheit)을 통해서 공의 법칙과 영원한 법칙을 이끌어 낸다. 이러한 법칙은 자연 속에 내재해 있고, 정신 속에 내재해 있고, 생명 속에 내재해 있고 만물의 근원인 신성을 통해서 통일을 이룬다.

프뢰벨에 의하면 만물 가운데 영원한 법칙이 작용하고 지배한다는 것은 생명의 통일성을 의미하는데, 바로 생명이 만물을 작용하도록 하고 통일로 이끌어 가는 주체이다.

2. 프뢰벨의 만유 재신론

프뢰벨의 인간교육에서 인간의 본질을 신성으로 본 것과 만물은 신으로부터의 기원을 가진다는 것은 신을 만물의 유일한 근원으로 본 것이다(Fröbel F., Menschenerziehung, 5). 신이 만물을 지배하고, 만물의 중심에 있고, 만물은 신으로부터 존재하며, 신으로부터 생명을 부여받았다는 것은 신이 모든 만물에 존재함을 의미한다.

그러므로 프뢰벨은 만유재신론자임을 여러 논제에서 엿볼 수 있고, 『인간교육』에 의하면 모든 만물의 본질은 만유재신론(萬有在神論)의 의미를 포함하고 있다(위의 책, 66)고 보았음을 알 수 있다. 만유재신론의 의미를 살펴보면 다음과 같다.

첫째, 모든 것은 신적인 존재이고, 신으로부터 탄생하였고, 신에 의해서 통제되는 존재이다. 이것은 신이 바로 만물의 유일한 존재임을 의미한다.

둘째, 신은 만물의 유일한 근원이고, 만물 중에 존재하고, 만물을 소생시키고, 만물을 지배한다.

셋째, 신은 만물의 중심이며, 신은 생명을 창조하고, 생명 속에 종의 본질을 간직한다.

넷째, 모든 만물은 자기 완성의 목표가 있으며, 신성의 작용으로 자기 활동을 전개하면서 선을 지향한다.

다섯째, 신은 만물 가운데 존재하고, 만물 속에 신이 존재한다. 이러한 측면에서 만유재신론이라고 할 수 있다.

여섯째, 개개의 모든 사물에는 신성이 존재한다. 그러므로 신성이 사물을 작용하도록 만드는 것이다.

일곱째, 모든 생명체 속에도 신성이 존재한다. 교육의 목적은 이러한 신성을 올바르게 이해하도록 돕는 것이다.

3. 노작의 원리

프뢰벨은 노작의 원리에서 어린이들의 생명은 노작교육을 통해서 발달된다고 주장한다. 그는 어린이들은 모든 활동과 작업을 통해서 자기 발전을 완성하므로 유아기에 행하는 생명에 관한 활동, 작업을 중요시하였다. 노작의 원리를 보면 다음과 같다(곽노의, 프뢰벨의 낭만주의적 유아교육이론에 관한 연구, 71).

첫째, 어린이들은 작업을 통해서 자기발전을 완성한다.

둘쌔, 어린이들은 노작활동을 통해서 정신을 활동하도록 만든다.

셋째, 어린이들은 노작을 통해서 신성을 표출한다.

넷째, 노작의 원리는 미래 직업관을 위해서 필요한 것이다.

다섯째, 어린이들은 작업과 노작을 통해서 의식을 자유롭게 만든다.

여섯째, 내적인 것을 밖으로 표현하는 방법으로 노작이 필요한 것이다.

일곱째, 인간은 자신을 진실하게 표현하는 방법으로 노작을 중요시한다.

여덟째, 인간은 노작교육을 통해서 인격의 도야와 융통성의 조화로움을 발달시킨다.

아홉째, 신성을 드러내는 자기 활동, 자기 창조, 노작은 인간 생명의 원리이면서 생명의 발전을 이끌어 간다.

프뢰벨은 정신을 활동하게 하는 것, 정신과 신체 사이에서 나타나는 신체적인 작업, 작업이나 생산으로 인한 신체를 강화하는 노작욕(Arbeitsbad)만이 어린이의 본성을 개발하는 것이라고 말한다(팽영일, 유아교육사상의 이해, 182).

chapter 04 프뢰벨의 교육 목적

프뢰벨은 다음과 같은 교육 목적을 가진다(이상욱, 프뢰벨과 기독교 유아교육, 192).

1. 교육 목적은 조화의 법칙을 실현하는 것이다.

프뢰벨은 인격적인 측면에서 조화의 법칙을 강조한다. 자기 자신과 인류 공동체에서 살아가는 사람들과의 관계적 조화, 자연과의 균형적 조화, 나와 하느님과의 삶의 조화에서 절대자의 도덕성과 자연 법칙에 순종하여 조화로운 삶의 균형을 이루면서 살아가는 것이다.

조화의 법칙을 근거로 다음과 같은 교육 목적을 가진다.

첫째, 인간이 자기 자신에 대한 순수성, 자연과의 합일적 관계, 하느님과의 일치적 관계를 만들어 가는 것이고, 둘째, 인간 존재, 인류, 자연, 하느님과의 조화로운 관계 형성을 맺도록 지도하는 것이고, 셋째, 인간에게 조화에 대한 통찰력을 주는 것이다(이상욱, 195). 이러한 관점에서 교육의 궁극적인 목적으로 조화의 법칙은 개인적 존재, 인류, 자연, 하느님의 관계적 조화를 의미한다.

2. 무능력한 인간을 전인적 인간으로 변화시키기 위해서 하느님이 인간에게 부여한 모든

능력을 계발하는 것이다.

절대자이신 하느님이 완전한 존재이므로 그분의 완전함을 찾으려 노력하고 지혜롭게 살아갈 수 있는 존재가 되도록 교육하여야 한다.

개인에 대한 교육 목적은 인간의 능력과 선천적인 능력 그리고 영혼이 조화롭게 계발되어 전인적 인간으로 성장하는 것이다. 하느님의 지혜와 이해력 속에서 성장하여야 하고, 완전하고 전지전능하신 하느님을 닮아가도록 교육되어야 한다(위의 책, 196).

3. 인류에 관한 것으로서 자아를 초월하고 범 인류애적인 사랑을 실천하고 범 형제애의 사랑을 성취하고 실천하는 것이다.

개인 교육을 통해 가족과 국가를 위해서 헌신할 수 있는 능력을 기르는 것이다. 인류애의 성취는 결과적으로 인간성을 실현하는 것으로서, 개인의 이기심과 이익을 버리고 가족과 국가 그리고 인류를 사랑하는 방법을 배우는 것이다.

4. 인간은 자연을 떠나서 살아갈 수 없으므로 우선적으로 자연과 조화를 이루고 자연의 법칙을 따르면서 자연의 섭리대로 살아갈 수 있는 능력을 기르는 것이다.

5. 하느님의 순수한 자연을 닮도록 노력하여 우주 속에서 신성한 생활을 실현할 수 있도록 교육하는 것이다.

교육의 궁극적인 목적은 하느님처럼 되도록 노력하여 하느님의 영(靈)을 터득하고 하느님의 말씀을 실천하고, 인간−하느님의 관계를 수직과 수평적으로 유지하며, 어린이가 예수님처럼 되어 날로 지혜로워지면서 하느님을 닮도록 교육하는 것이다(이상욱, 199).

chapter 05 프뢰벨의 교육 방법론

프뢰벨의 교육 방법은 발달 단계에 맞는 발달 순응적 방법을 적용하였다. 교사가 의도하는 교육 이론을 효과적으로 학습자에게 전달하기 위하여 어린이들의 발달 단계와 그들의 잠재능력을 고려하면서 소극적인 방법을 선택하였다(이상욱, 225).

1. 프뢰벨의 교육 방법은 하느님과 인간 그리고 우주가 자연스럽게 접촉할 수 있는 방법을 가르치고 훈련하는 것이다.

그것은 인간의 정신세계인 내적인 것과 외적인 세계를 연결시키는 것이다. 모든 사물과 모든 존재는 항상 대립자가 동시에 공존하기 때문에, 대립자와 일치를 이루어 동일하도록 만드는 것이다.

2. 놀이를 통해서 활동욕구와 학습욕구를 충족시키는 방법이다.

놀이는 생명을 발달시킬 수 있는 육체적, 심리적, 정신적, 사회적, 도덕적 힘과 잠재능력을 조직적으로 발달단계에 맞도록 시도한다.

3. 가르침과 학습 원리를 중요시하였다.

개별적이고 구체적인 것을 일반적인 것으로, 일반적이고 구체적인 것을 개별적인 것으로, 외적인 것을 내적인 것으로, 내적인 것을 외적인 것으로 표상할 수 있도록 교육하여 생활 속에서 그들 사이의 관계를 규명하여 조화를 이루는 것이다(이상욱, 244).

4. 신체 교육과 감각기능을 발달시키는 방법이다.

프뢰벨의 교육 방법에서는 지각과 감각을 이용하여 인지를 발달시키기 위한 교구인 은물을 개발하였다. 어린이들의 정신을 자유롭게 움직일 수 있도록 유아기부터 감각과 신체, 특히 근육운동을 중요시하였다. 감각교육을 어린이들의 영혼과 영성을 양육하는 한 방법으로 보았다(곽노의, 이명환, 프뢰벨과 몬테소리, 79).

5. 감각과 정신교육을 중요시하였다(위의 책, 80).

어린이들은 오관을 통해서 내부의 세계와 외부의 세계 그리고 정신세계와의 관계를 가진다. 감각을 통해서 자기 영혼과 만나고, 변별력을 기르고, 형태를 지각하고, 시공간 개념을 형성한다.

프뢰벨의 유아교육 방법에서는 교육과 학습 과정에서 교수 방법의 중요성, 어린이들의 종교의 발달단계의 특징을 고려하는 것, 그리스도적 교육방법론, 즉 종교교육의 중요성을 강조한다(이상욱, 246).

chapter 06 프뢰벨의 가베 교육과정

프뢰벨의 교육 재료는 『인간교육(Menschenerziehung)』 4장에서 상세하게 설명되고 있다. 즉, 교육과정의 기본적인 구조는 그리스도교적 종교교육과 자연과학의 이해, 그리고 언어교육과 예술교육을 근거로 하는 은물과 노래, 그리고 실내와 실외 작업을 중요시하는 교육과정이다(곽노의, 프뢰벨, 94).

1. 은물

은물은 어원학적으로 'Gnaden'이라는 라틴어에서 비롯되었으며, 이는 '은총'이라는 뜻을 가지고 있다. 다시 말하자면 하느님이 주신 특별한 선물이라는 것이다. 프뢰벨은 어린이들이 은물을 통해서 놀이할 수 있도록 교구를 제작하였다.

- 제1은물은 운동과 일치 그리고 무한성의 상징이다.

제1은물은 1에서 6번까지 서로 다른 형태로 구분되고 각기 다른 색상을 나타내는 것으로서, 6개의 작은 공으로 빨강, 노랑, 파랑, 주홍, 초록, 보라색으로 구성되어 있고, 각

공의 모양은 직경 6cm로 되어 있다(F. 프뢰벨, Die Spielgaben, 56). 그러나 공은 모든 자연물 형태의 기본적인 면과 선, 그리고 점을 포함하고 있기 때문에 모든 형태를 만들 수 있다. 공은 전체성의 원리도 포함하고 있다.

- 제2은물은 모든 형태를 나타내는 것으로서 3가지 종류로 구분된다.

하나는 나무로 만든 직경 6cm의 공 모양이고, 다른 것은 높이가 6cm인 원통모양이고, 다른 하나는 한 변의 길이가 6cm인 정육면체이다. 제2은물의 공과 정육면체 그리고 원통의 세 가지 요소들은 평소에 프뢰벨이 관심을 가지고 연구한 물리학의 원리와 건축술의 기초로서, 주춧돌을 상징하는 정육면체와 건물의 기둥을 의미하는 원통 그리고 기둥의 마지막 부분을 의미하는 기둥머리 역할을 하는 공을 상징적으로 포함하고 있다.

하나의 건축이 완성되기 위해서 이 세 가지 요소들은 서로 독립된 상태에서 중요성을 가지고 있지만, 서로 전체를 이루고 있을 때 부분적인 전체가 완전한 전체로서 통일의 원리에 접근하고 있다(위의 책, 129).

공과 원기둥 그리고 정육면체, 즉 주사위(Würfel)를 의미한다. 정육면체는 평면과 각을 가지고 있으며 동시에 공의 요소도 포함하고 있다. 공은 움직임을 상징하고 정육면체는 침묵과 정지를 상징적으로 표현하는 동시에 각 사물의 통일성과 개별성 그리고 다양성을 표현하려는 자연의 대법칙이고 자연의 최초 법칙이다(정인숙, 90).

- 제3은물은 3은물을 가지고 창조적 작업을 진심으로 시작할 수 있다.

그러므로 3은물은 생활의 형식(Lebensformen)에서 미의 형식(Schönheitsformen)을 지난 다음 인식의 형식(Erkenntnisformen)을 성취한다. 제3은물은 한 변의 길이가 3cm인 8개의 정육면체로 구성되어 있다. 3은물은 어린이들의 발달단계에 상응하여 비례할 수 있도록 구성된 것이다(Fröbel F, Die Spielgabe, 142).

생활 형식은 8개의 정육면체를 가지고 다양한 형태로 쌓아 올리기를 훈련한다. 우리 일상생활에서 흔히 사용되는 의자와 깔판과 같은 모양으로 쌓아서 생활에 직접 응용할 수 있도록 한다. 미적 형식은 정육면체를 여러 가지 형태로 변형시켜서 미적 감각을 발달시킨다. 미적인 모양은 대부분 자연의 형태인 별 모양, 눈 모양, 기하학 모양 등등으로, 어린이들이 자연과 물리학의 기초이론에 접할 수 있고 모양을 변형시켜서 다양한 모양을 만들 수 있도록 구성되어 있다. 인식 형식은 수학적인 관계를 증명하고 분리와 집합의 원리 등을 논증한다(위의 책, 141).

• 제4은물은 목제로서 각 변의 길이가 1.5cm, 3cm, 6cm인 8개의 직육면체로 구성되었으며, 4은물을 자유롭게 구성하여 건축물을 만들 수 있다.

그러므로 정육면체에서 직육면체를 만들고, 입방체를 새로운 시각에서 경험하도록 만들고, 아름다운 형태와 학습형태로서 집과 방 그리고 의자와 책상 등과 같은 다양한 형태를 만든다(정인숙, 95).

• 제5은물은 9cm의 정육면체로서 가로와 세로 그리고 높이를 각각 2번씩 잘라서 만든 작은 정육면체이다.

한 변의 길이가 3cm인 작은 정육면체 21개, 작은 정육면체를 이등분한 삼각주 6개, 삼각주를 이등분한 작은 삼각주 12개를 이용하여 직각 이외에 예각을 알도록 하고 정사각형 이외에 직사각형과 삼각형을 알도록 하는 것이다. 5은물을 사용함으로써 창의성과 인지 발달 그리고 정신발달을 촉진시킨다(Fröbel F., Vorschulerziehung und Spieltheorie, 22).

• 제6은물은 4은물과 같은 형태로 직육면체를 잘라서 만든 것으로서 기둥과 받침대가 있는데, 기둥을 사용하여 빈 공간을 채우면서 창조적이고 이상적인 건축물을 건축할 수 있는, 응용이 가능한 은물이다.

6은물의 특성은 공간적 표현 예술에서 단순한 재료로 복잡한 것을 만들 수 있다. 또한 규칙과 법칙에 의해 이루어지는 입체적이고 공간적인 외적 표현 연습이고, 어린이들 속에 내재한 정신적인 것을 사물과 물질을 통해서 표출하는 것이다(정인숙, 96).

• 제7은물은 나무로 만든 여러 종류의 사각형과 삼각형으로 구성되었고, 면을 발달시킨 은물이다.

7은물은 정사각형, 정삼각형, 직각이등변삼각형, 직각부등변삼각형, 둔각이등변삼각형, 원, 반원, 마름모 등 8가지로 구성된다(정인숙, 98).

• 제8은물은 길이가 다양한 것으로서 나무나 금속으로 만든 긴 막대이다.

면의 넓이는 있지만 두께가 없으므로 선은 가장 작은 막대의 2, 3, 4, 5, 6배로 2.5, 5, 7.5, 10, 12.5, 15cm의 길이로 다양하다. 8은물은 어린이들에게 사물의 길고 짧음, 거리 개념을 이해하도록 하여 물체 형태와 관찰력을 증진시킨다(Fröbel F., 149).

• 제9은물은 사물의 특성을 구체적으로 표현하는 곡선으로 구성되었는데, 원의 원리와 비슷한 것으로 어린이들에게 직선과 곡선의 차이점을 인식시키며, 고리와 반고리, 종류를 분류하여 실물로 제시한다(정인숙, 99).

곡물과 돌 또는 조개껍질을 사용하여 만든 모자이크와 같은 작은 조각품을 실제적으로 재시헌다.

• 제10은물은 입체를 구성하는 요소로서 분해될 수 없는 점을 표현하는 교구이다.

점은 모든 형태의 기본적인 것으로, 점이 존재한다는 것은 다른 존재가 가능하다는 것을 의미하며 무에서 유를 창조하는 것이다. 10은물은 10mm의 나무를 잘라서 만든 교구를 사용하는데, 응용편으로 쌀과 같은 알곡식을 사용할 수 있다(정인숙, 99).

1-10은물을 형체, 면, 선, 점, 재구조 등으로 나누어 설명할 수 있다.

〈표 3〉

은물의 의미	은물의 종류	비고
1. 형체: 1은물-6은물 까지	• 1은물(색): 여섯 개의 작은 공, 직경6cm, 빨강, 노랑, 파랑, 주황, 초록, 보라 • 2 은물(형): 나무로 만든 직경 6cm 높이 6cm 원통, 한 변의 길이가 6cm 정육면체 • 3은물(수): 한 변의 길이가 3cm로 된 8개의 정육면체 • 4은물(넓이): 8개의 직육면체로서 한 변의 길이가 3cm, 1.5cm, 6cm이다. • 5은물(균형): 한 변의 길이가 3cm인 작은 직육면체 21개로 구성되었고, 한 직육면체를 1/2한 삼각주 6개, 삼각주를 1/2한 12로 구성되었음. • 6은물(비례): 4은물과 같은 직육면체 18, 이 직육면체를 가로와 세로로 2등분한 직육면체 6개, 밑변의 길이 6cm, 높이 1.5 cm로 자른 12개로 구성되었음.	

은물의 의미	은물의 종류	비고
2. 면	• 7은물: 나무로 만든 4종류의 삼각형: 형체에서 면으로 발달됨.	
3. 선	• 8은물: 다양한 길이, 금속과 나무로 만든 가느다란 막대로 구성됨.	
4. 점	• 9은물: 여러 가지 씨앗, 종이로 만든 작은 조각, 조개껍질, 돌조각	
5. 재구조	• 10은물: 초로 만든 작은 구형(求刑), 밀짚으로 조립하여 만든 것.	

제2부 프뢰벨 가베의 실제 활용 방법

chapter 01 가베 놀이의 목표

가베에는 가장 단순한 모양부터 시작하여 유아들이 자신의 발달에 맞추어 점점 놀이를 발전시키고 표현이나 활동 의욕을 만족시키며 생각하는 힘, 사물을 창조해 내는 힘을 익혀 갈 수 있도록 프로그램이 철저히 짜여져 있다.

1) 수학, 과학성의 기초를 다진다.

1가베에서 10가베까지의 다양한 도형의 크기, 모양, 수 등의 물리적인 놀이를 접하면서 유아는 서열, 공간, 부피 개념 등의 수 개념은 물론 관찰, 예측, 해석, 탐구 등의 과학 개념이 발달하게 되어 구체적 사고에서 추상적 사고로의 전이가 수월하게 된다.

2) 창의력을 발달시킨다.

유아는 가베를 수직, 수평으로 쌓으면서 앞, 뒤, 옆, 위의 관찰 시점에 따라 달라지는 3차원의 입체형태를 경험하게 된다.

이와 같이 여러 시점을 통한 형태의 탐색은 다각적인 사고 체계 형성에 도움을 준다.

또한 수많은 시행착오의 과정을 통해 상황에 대처할 수 있는 대응력과 문제 해결력이 효과적으로 발달하게 되어 다른 사람들이 쉽게 생각하지 못하는 생각을 하게 되는 창의력을 길러 준다.

3) 사회성을 길러준다.

분할과 통합의 구성 원리로 이루어진 가베는 놀이를 통해 유아에게 부분 하나하나가 모여 전체 모양으로, 전체가 나뉘어 각각의 부분으로 되는 사회구성원리를 내포하고 있는 철학적인 교육 놀잇감이다. 놀이를 통해서 유아는 긍정적인 자아 개념, 자율성, 인내심, 성취감 등을 형성하게 되고 다른 사람과의 상호 작용을 통해 사회적 경험을 하게 된다.

4) 정서를 발달시킨다.

가베를 쌓고 무너뜨리는 과정 속에서 자신의 감정이나 생각을 적절하게 표현하게 되고 부정적인 정서까지도 표출하게 된다. 또한 대칭과 균형의 아름다움을 자각하게 되면서 조형능력이 발달하게 된다.

5) 언어능력을 발달시킨다.

언어는 놀이에 있어서 중요한 매개체의 역할을 한다. 유아는 가베 놀이를 하면서 다양한 어휘를 배우고 그 상황과 모양에 알맞은 적절한 언어를 사용할 수 있게 된다. 또한 자신이 직접 조형물을 만드는 과정을 통해 형태인지와 형태변별력을 키워, 문자변별력을 통한 읽기 학습을 촉진시킬 수 있게 된다.

6) 지능의 발달 및 신체의 모든 기관과 그 기능의 발달을 촉진시킨다.

가베 놀이는 다양한 재질의 교구 경험을 통한 감각 발달뿐 아니라 유아에게 물체의 조작, 눈과 손의 협응력, 잡기, 쥐기 등의 소근육 발달을 도와준다.

7) 집중력을 기른다.

8) 자발성을 이끌어 낸다.

chapter 02 가베의 특징 및 형식

1. 가베의 특징

- 면, 선, 점으로만 구성된 기하학적인 교구이다.
- 가장 단순한 공에서 육면체 삼각기둥, 원, 사각형, 삼각형기본, 막대, 콩 모양 등 이미 완성되어 있는 것이 아니라 창조 표현 발달에 도움이 된다.
- 끊임없이 새로운 것을 만들 수 있다.

2. 가베의 형식

(1) 인식 형식 : 높고 낮음, 넓고 좁음, 크고 작음 등 수량의 성질에 관한 인식이다.

(2) 생활 형식 : 우체국, 역, 은행 등 체험한 것을 표현한다.

(3) 미 형식 : 기본 형태를 이용, 모양놀이, 꽃, 별 등 모양과 색의 조화를 도모한다.

chapter 03 가베의 구성

1가베 - 공(끈 달린 공, 끈 없는 공)	입체 (3차원세계)
2가베 - 구, 원기둥, 정육면체	
3가베 - 작은 정육면체	
4가베 - 직육면체	
5가베 - 작은 정육면체, 삼각기둥	
6가베 - 직육면체, 받침, 기둥	
7가베 - 도형(평면)	면 (2차원세계)
8가베 - 막대(직선)	선 (1차원세계)
9가베 - 고리, 반고리(곡선)	
10가베 - 점	점 (이상세계)
11작업 - 구멍 뚫기	점
12작업- 바느질하기	
13작업 - 그리기	
14작업- 엮기, 뜨기, 짜기	면
15작업 - 종이접기	
16작업 - 자르기, 붙이기	
17작업 - 콩세공	입체
18작업- 판지공작	
19작업 - 모래놀이	
20작업- 찰흙놀이	

chapter 04 프뢰벨 가베의 실제

Ⅰ. 1가베(GABE)

1. 가베의 구성

털실에 싸인 직경 6cm의 끈 달린 공 여섯 개
(빨강, 노랑, 파랑, 주황, 초록, 보라 : 3원색과 3보색)

2. 구성 원리

프뢰벨은 생후 일마 안 되는 젖먹이나 유아의 교육적 놀잇감으로 공이 가장 적당하고 생각했다. 그래서 유아가 가장 먼저 만나는 가베로 공을 선택했다. 공은 가장 단순한 모양이면서 완전하며 보편적이고 기본적인 자연 형태이기 때문이다. 유아는 공을 쥐어 보고 흔들어 보면서 손, 발의 근육발달은 물론 물체의 모양이나 성질을 알고 더 나아가 존재와 소유와 생성에 관한 자각을 하게 된다. 공은 가장 완전한 하나의 전체로서 우주의 모든 형태 중 가장 단순하며, 어느 방향에서 보아도 언제나 같은 모양이다. 그러므로 공은 우주전체를 상징하며, 완전, 통일, 균형의 원리를 나타내고 있다. 프뢰벨은 외부의 힘에 의해 여러 가지로 움직이는 공이 모든 유아들이 가지고 있는 무한하고 천부적인 '힘' 을 완전하게 발달시키는 데 가장 적합하다는 것을 안 것이다. 그리고 털실의 촉감은 유아들에게 어머니의 품과 같은 따스함과 안도감을 느끼게 해 주어 공과 쉽게 친숙해지도록 해 준다. 공을 통한 수량, 방향, 색깔 등 여러 가지 놀이에 의해 유아의 신체 및 정신적인 발달을 촉진시키고, 잠재되어 있는 능력을 밖으로 끌어내어 발달시킬 수 있다.또한 여섯 가지 색의 공을 가지고 놀면서 색에 대한 개념과 수에 대한 개념을 쉽게 이해할 수 있게 된다.

3. 교육 목적

1) 스스로 놀이하고 활동하는 자발성을 기른다.
2) 유아의 왕성한 호기심과 활동성을 만족시키고 신체 발달을 돕는다.
3) 내부의 힘을 밖으로 이끌어 낸다.

4) 신체활동을 통해 대근육 기능의 발달을 촉진한다.
5) 보고 느끼고 만지는 감각활동을 통해 지적 발달을 촉진한다.
6) 색을 통한 미적 감각을 발달시킨다.
7) 모방 놀이를 통해 사물에 대한 관심과 인식을 촉진한다.
8) 물체의 모양을 인식하고, 공의 움직임을 안다.
9) 놀이를 통해 기본적인 수, 방향, 색 등을 알게 한다.

4. 활동 소개

1) 소개하기 – 빨강, 주황, 노랑, 초록, 파랑, 보라색의 면실 공 6개이다.

2) 모방놀이

〈 생물 〉 ▷ 개구리의 일생 : 알 → 올챙이 → 뒷다리 → 앞다리 → 개구리
▷ 나비의 일생 : 알 → 애벌레 → 번데기 → 나비
▷ 꽃의 성장 : 씨앗 → 싹→ 줄기 → 잎 → 꽃잎
▷ 과일가게놀이 - 사과, 포도, 수박, 오렌지, 바나나, 딸기

〈무생물 〉

풍선, 허리띠, 머리띠, 귀걸이, 목걸이, 치마, 반지, 꽃다발, 배낭 등

3) 활동놀이 – 줄넘기, 기차놀이, 농구, 바구니 넣기, 줄다리기

4) 수놀이 – 덧셈 뺄셈 알기

5) 방향놀이 – 위 , 아래 , 앞 , 뒤, 옆

6) 삼원색과 삼보색

7) 도형만들기

삼각형

사각형

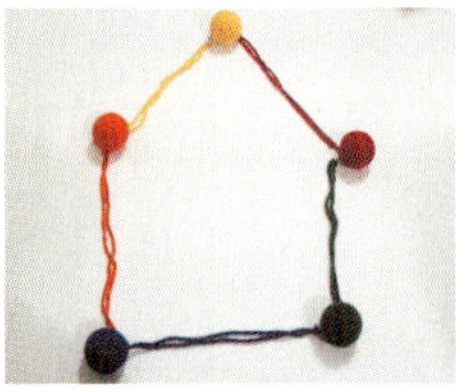
오각형

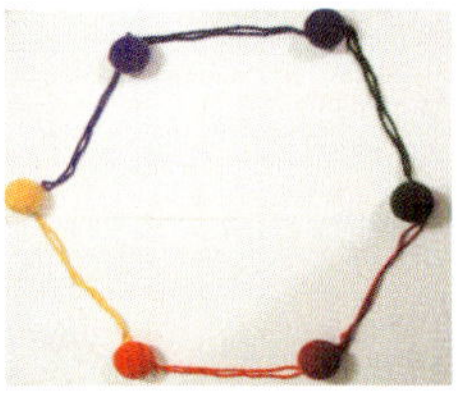
육각형

8) 평면 모양 만들기

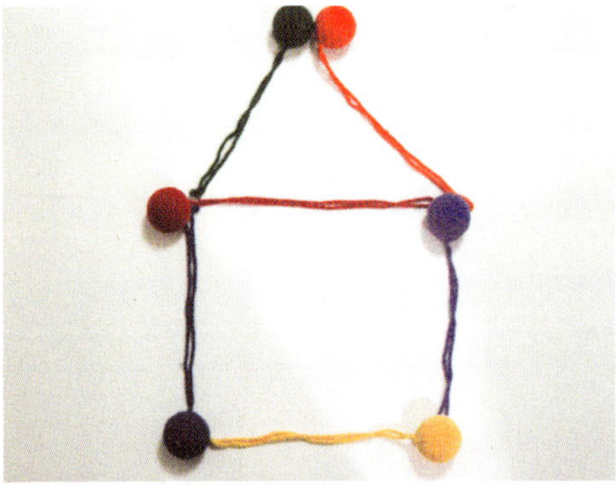

5. 교사와의 상호작용의 예

1) 개구리 일생

(초록색 털실 공을 이용한다.)

교사 : "알에서 올챙이가 깨어났어요."

교사 : "올챙이 엉덩이가 갑자기 간질간질해요."

교사 : "뒷다리가 생겼어요?"

교사 : "앞다리가 생겼어요?"

◆ 노래1 : 알에서 올챙이 뒷다리~ 앞다리~
꼬리꼬리 짧아져 개구리 되었네

◆ 노래2 : 연못가에 올챙이 한 마리 꼬물꼬물 헤엄치다가
뒷다리가 쑥~쑥 앞다리가 쑥~쑥
팔짝 팔짝 개구리 되었네

◆ 올챙이에서 개구리가 되는 과정의 그림을 준비해 보여주고 색칠도 하면 효과적이다.

2) 나비의 일생

(털실 공 2개를 이용하여 나비를 만든다.)

교사 : "엄마 나비가 날아다니다가 알을 낳으려고 해요."

교사 : "어디에 낳으면 좋을까?"
(유아 손에 낳아준다.)

교사 : "애벌레가 되었어요."
(애벌레 기어가는 모습)

교사 : "번데기가 되었어요."
(하룻밤, 이틀밤! - 유아에게 눈을 감게 한다.)

교사 : "나비가 되었어요."
(나비야~ 노래를 부르며 날아다닌다).

◆ 나비가 되기까지의 과정을 그린 그림을 준비. 색칠도 하면서 수업한다.

3) 꽃과 나비

2개의 털실 공으로 나비를 만들고 나머지 공으로 꽃을 만든다. – 역할놀이

교사 : "나비가 배가 고파요. 어디 꿀이 없나요?"

"어? 여기 꽃이있네? 꽃님, 저에게 꿀을 줄 수 없나요?"

유아 : "네 꿀을 드릴께요. "

교사 : "꽃님! 어떤 맛이에요? "

유아 : " 네! 달콤한 맛이에요."

교사 : "고마워요. 꿀떡꿀떡 냠냠냠… 나비야~(노래)"

4) 병원놀이

유아와 함께 모델을 제시하고 역할 놀이를 한다.(노래 : 배가 아파요)

다양하게 병원놀이에 필요한 물건들을 생각해 보고 털실공으로 만들어 본다.

(예): 청진기, 반사경 , 주사 알약 등

◆ 내과, 소아과, 안과, 치과 등에 대해 알아보고 서로 역할을 바꾸어가며 놀이해 보도록 한다.

5) 마이크 만들기

유아의 기분이 많이 가라앉은 날 털실공으로 마이크를 만들어 노래자랑을 한다.

6) 모방놀이

유아와 함께 역할을 나누어 놀이

◆ 풍선 만들기 : "풍선사세요"

◆ 치마 만들기(하와이치마) :"훌라춤을 추어볼까요?"

◆ 배낭 만들기 : "소풍갈까요?"

7) 색깔놀이 명칭소개하기

세강의 3단계 레슨법의 예

1단계(naming)/명명하기 : 빨강, 이것은 빨강입니다.

2단계(teaching)/가르치기 : 이 빨강을 의자 위에 놓을 수 있겠니?

3단계(remembering)/재확인하기 : 이것의 이름은 무엇입니까?

8) 색깔놀이 수수께끼

유아와 함께 수수께끼 놀이를 한다.

교사 : "선생님이 말하는 과일 이름을 맞춰 보세요."

"나는 새콤달콤해요. 겨울에 먹어요. 껍질을 까서 먹지요. 나는 누구일까요?"

유아 : "귤이에요."(주황색깔의 털실공을 찾을 수 있다.)

9) 삼원색과 보색

빨강, 파랑, 노란색의 셀로판지로 만든 부교재를 이용한다.

◆ 노래 : 빨간 친구가 뛰어왔다. 노란 친구가 뛰어왔다.

길모퉁이에서 부딪쳤다네.

미안 미안해. 미안 미안해. 둘이는 사이좋게 하하하.

교사 : "빨간 친구와 노란 친구가 부딪쳤지만 사이좋게 놀기로 했대요."

(빨간 친구와 노란 친구를 서로 교차시킨다. –주황색)

교사 : " 자! 이 색깔과 닮은 공을 찾아보세요."

* 물감놀이 : 유아에게 물감으로 칠하고 색을 혼합해 보도록 한다.

10) 방향놀이

위, 아래, 옆, 뒤 등의 방향을 지시한다.

교사 : "의자 위에 이 공을 놓을 수 있을까요?

교사 : "상자 안에 이 공을 놓을 수 있을까요?

교사 : "냉장고 옆에 이 공을 놓을 수 있을까요?

6. 1가베 실제 활동의 예

Ⅱ. 2가베(GABE)

1. 가베의 구성

- 2가베 상자, 나무로 만든 직경 6cm의 구
- 한 변의 길이가 6cm인 정육면체 2개
- 윗면의 지름과 높이가 6cm인 원기둥 1개
- 기둥 2개
- 들보 1개
- 고리 3개
- 가는 막대 1개

2. 구성 원리

프뢰벨은 새로운 것을 가르치기 위해서는 이미 알고 있는 것과의 관계를 이해시키는 것이 중요하다고 생각했다. 그래서 털실로 만든 공에서 한층 완전한 형태인 무겁고 딱딱한 구를 2가베에서 소개하게 된다. 2가베는 자유롭게 움직이려고 하는, 모든 면으로 움직이며 회전할 수 있는 둥근 면을 가진 구(운동), 서기는 하나 구르기에 적합하지 않고 구를 수 없고 직선적인 면을 가진 정육면체(정지), 구처럼 구를 수도 있고 정육면체처럼 똑바로 설 수도 있는 원기둥(운동과 정지)으로 구성되어 있다. 구, 원기둥, 정육면체 이 세 가지 형체는 모든 형태의 기본으로, 구는 우주전체를, 원기둥은 자연을, 정육면체는 사람을 상징한다. 이 세 가지 형체를 이해함으로써 유아는 막연히 머릿속에 들어오는 갖가지 형태들을 이들과 비교하게 된다. 또한, 회전 놀이를 통해 모양의 변화됨을 보고 새로운 사물에 대한 흥미를 가지고 생각하는 힘을 키우게 된다. 이것은 또 다른 발견이며, 새로운 발견의 즐거움이다. 이렇게 유아기에 형성된 정확한 이해력과 분석력, 문제 해결력은 유아들이 복잡한 사회생활을 이해하고 폭넓은 사고를 할 수 있는 어른으로 성장하도록 도와주게 되는 것이다.

3. 교육 목적

1) 구, 원기둥, 정육면체의 특징을 알게 한다.
2) 세 가지 모양을 비교하여 같은 점과 다른 점을 분별하는 능력을 기른다.
3) 회전놀이를 통해 물체 안에 잠재해 있는 힘과 도형의 변형을 알게 하며, 물체의 변화와 정지, 사물의 인식력을 키운다.
4) 감각을 통하여 개개의 입체를 알게 한다.
5) 사물에 대한 인식력을 강화시킨다.
6) 자발적인 활동이 된다.
7) 지적인 사고 발달을 촉진한다.

4. 활동 소개

1) 소개하기

이번에는 3가지 형태가 있습니다.

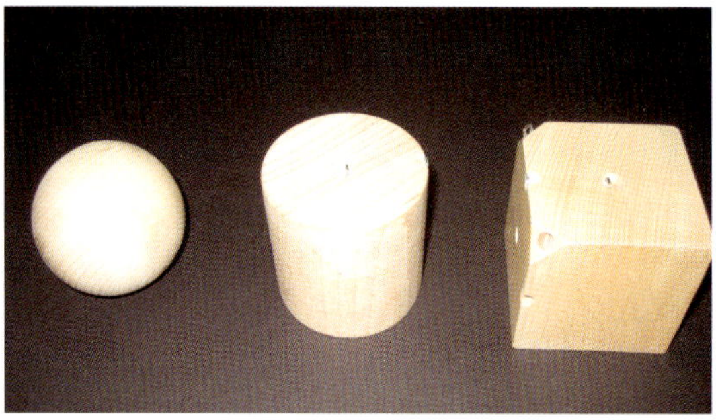

① 이것은 '구' 입니다.
② 이것은 '원기둥' 입니다.

③ 이것은 '정육면체' 입니다

2) 비교하기(유사점과 차이점)

① 구 – 1가베 나무공과의 비교

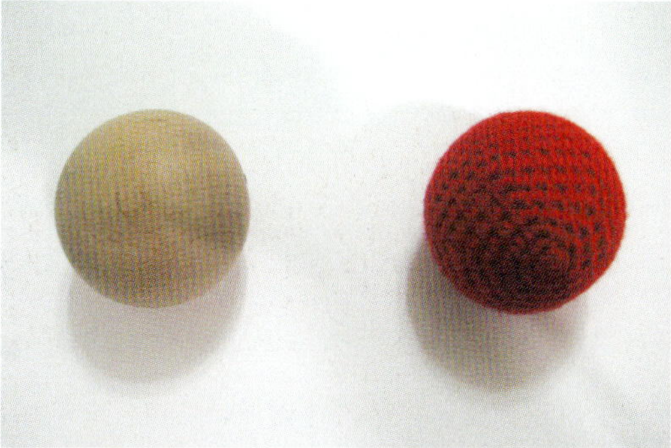

	1가베 공	2가베 구
유사점	둥글다, 굴러간다	
차이점	털실 까칠까칠하다 말랑말랑하다 가볍다 느리게 구른다 작은 소리 6가지 색깔	나무 매끄럽다 딱딱하다 무겁다 빠르다 큰소리 1가지 색

② 구 - 원기둥

	구	원기둥
유사점	곡면이 있다 굴러간다	
차이점	곡면만 있다 모서리가 없다 굴러가는 면만 있다 빨리 굴러간다	평면도 있다 모서리가 있다 정지하는 면도 있다 느리게 굴러간다

3 원기둥 - 정육면체

	원기둥	정육면체
유사점	평면, 모서리가 있다. 정지한다.	
차이점	1개의 곡면이 있다 각이 없다 2개의 곡선모서리 굴러간다	6개의 평면 8개의 각 12개의 모서리 굴러가지 않는다

3) 모방놀이

1 따로따로 모방하기

① 구 : 경단, 과일 공, 구슬

② 원기둥 : 김밥, 북, 의자, 깡통주스, 휴지통, 컵

③ 정육면체 : 과자, 책상, 선물 포장, 캐스터네츠

2 상자를 이용한 모방놀이의 예

① 버스

⑤ TV

② 오리

⑥ 미끄럼틀

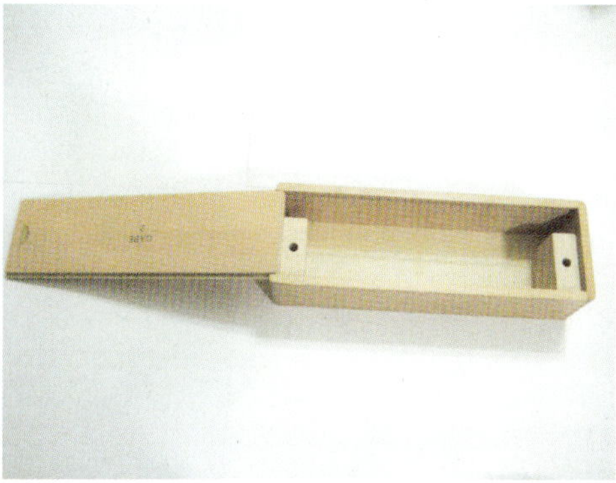

③ 그네

⑦ 시소

④ 배 (낚시놀이)

⑧ 로봇

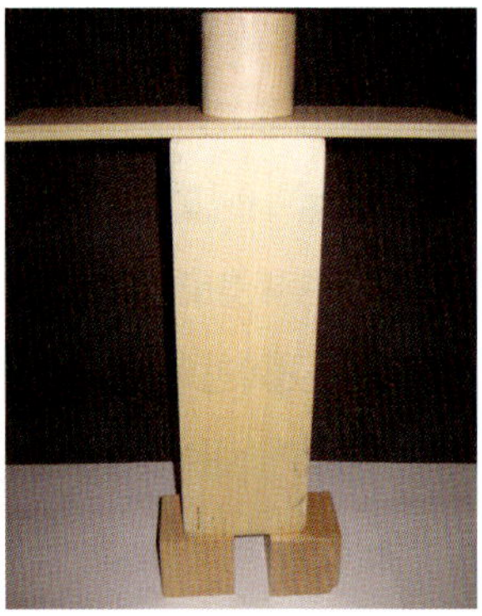

4) 회전놀이

: 구, 원기둥, 정육면체 각 부분에 고정시켜 회전시키는 놀이를 한다.

※회전놀이 시 그 변화를 관찰하거나 기록하여 그려보도록 한다.

<table>
<tr><th></th><th>꼭지점</th><th>모서리</th><th colspan="2">면</th></tr>
<tr><td>구</td><td></td><td></td><td colspan="2"></td></tr>
<tr><td rowspan="2">원기둥</td><td rowspan="2"></td><td rowspan="2"></td><td>곡면</td><td>평면</td></tr>
<tr><td></td><td></td></tr>
<tr><td>정육
면체</td><td></td><td></td><td colspan="2"></td></tr>
</table>

5) 꼭짓점, 모서리, 면의 개수 알기

<table>
<tr><th></th><th>꼭지점</th><th>모서리</th><th colspan="2">면</th></tr>
<tr><td>구</td><td></td><td></td><td colspan="2">곡면1개</td></tr>
<tr><td rowspan="2">원기둥</td><td rowspan="2"></td><td rowspan="2">2개</td><td>곡면</td><td>평면</td></tr>
<tr><td>1개</td><td>2개</td></tr>
<tr><td>정육
면체</td><td>8개</td><td>12개</td><td colspan="2">평면6개</td></tr>
</table>

6) 게임

시소, 탁구, 축구, 당구, 골프

7) 기타

① 지점토, 고무찰흙 – 구, 원기둥, 정육면체 만들기

② 선물포장 – 구, 원기둥, 정육면체 포장하기

③ 정육면체 전개도 그리기

④ 물감이용해서 물체의 일부분 찍기(이때 랩으로 전체를 싼다.)

5. 교사와의 상호작용의 예

먼저 1가베 털실공과 비교한다.

: 나무 공, 원기둥, 정육면체, 평면, 모서리, 꼭짓점 등을 서로서로 비교하면서 특징 및 개념을 이해할 수 있게 한다.

교사 : 자! 오늘은 어떤 친구가 찾아왔을까요?
선생님이 오늘은 2가베 친구를 소개하려고 해요. 짜잔~ 이런 모양의 친

구들이 들어 있네요! 어? 공 친구가 있네요. 이 친구! 어디서 봤었나요?

유아 : 1가베 털실공에서 봤어요.

교사 : 그래요 . 맞았어요.

어? 둥근기둥 친구(원기둥)와 네모 친구(정육면체)도 있네요?

자! 만져 볼까요?

그럼 이 친구들과 어떤 재미있는 놀이를 해 볼까요?

1) 구의 소개

교사 : 우리 이제부터는 이렇게 데굴데굴 굴러가는 공 모양을 어려운 말로 '구'라고 부르기로 해요. 구는 잘 굴러가요 . 구는 평평한 면이 없어서 제자리에 잘 서 있지 못해요.

〈구와 털실공(1가베)과의 비교〉

털실공과 나무공을 만져보면서 닮은점과 차이점을 알게 한다.

	털실공	나무공
느낌	까칠까칠 해요.	매끈매끈 해요.
소리	툭툭툭! 소리가 나요.	딱딱딱! 소리가 나요.
색깔	주황색이에요(or 보라색, 노란색 등).	나무색이에요.
무게	가벼워요	무거워요.
구르기	굴러가지만, 나무 공보다는 잘 안 굴러가요	잘 굴러가요.(털실공보다 빨라요.)
외관	무늬가 있어요.(올록볼록 : 털실)	매끈매끈 해요.(나무)

2) 원기둥의 소개

교사 : 이 친구(원기둥)는 아래가 둥근 원이고 기둥 모양으로 생겼구나.

이 친구 이름은 원기둥이라고 한단다.

자! 옆으로 눕혀서 굴려 보자! 와! 잘 굴러가네?

자! 이번에는 세워서 굴려 볼까? 어? 안 굴러가네? 평평하니까 안 굴러가는구나. 자! 원기둥 친구와 닮은 친구를 찾아볼까요?

(주변 사물에서 비슷한 모양을 찾아보는 활동을 한다.)

〈원기둥과 구의 비교〉

원기둥과 구를 만져보면서 닮은 점과 차이점을 알게 한다.

	구	원기둥
닮은점	굴러간다.	굴러간다.
차이점	평평한 면이 없다. (굴러가려고 한다.)	평평한 면이 있다. (서 있을 수도 있다.)

3) 정육면체 소개

교사 : 자! 이 친구의 이름은 뭘까요? 정육면체라고 해요.
여섯 개의 얼굴(면)을 가지고 있으며 면의 크기가 모두 똑같아서
'正' (바를 정)자를 앞에 붙여 정육면체라고 불러요.
자! 굴려 볼까요? 어? 굴러가지 않네?
자! 세워 볼까요? 뾰족한 부분으로 세워 볼까요? 어? 안 서네요.
아! 정육면체는 평평한 면에만 서 있을 수 있구나.
자! 면의 개수를 세어 볼까요? (면에 스티커를 붙여 가며 세어도 좋다).

〈정육면체 소개 및 원기둥과의 비교〉

정육면체와 원기둥과 구를 만져 보면서 닮은 점과 차이점을 알게 한다.

■ 정육면체와 원기둥의 비교

	정육면체	원기둥
차이점	안구른다	구른다
	모시리-12개	모시리-2개
	평평한 곳-6개	평평한 곳-2개
	꼭지점-8개	꼭지점-없다
	면-6개	면-3개 (평면2개, 곡면1개)

■ 구와 정육면체 비교

	구	정육면체
차이점	꼭지점-없다	꼭지점-있다
	모서리-없다	모서리-있다
	굴러간다	안굴러간다

4) 회전놀이 : 구, 정육면체, 원기둥을 실에 매달아 돌려보았을 때 변화하는 모습을 여러 각도에서 관찰할 수 있는 놀이이다.

교사 : 자! 오늘은 어떤 친구가 있을까요? 어? 이런 친구들이 있어요.

세로대, 가로대라고 해요.

자! 오늘은 이 친구들과 빙글빙글 회전 놀이를 하려고 해요.

어떤 친구부터 해볼까요? 먼저 구부터 회전놀이를 해 볼게요.

(구를 실고리에 끼운다. 구가 뱅글뱅글 돈다.

멈추면 가는 막대를 실 중간에 눌러서 다시 돌게 반복한다.

회전 시 보이는 모습을 함께 관찰한다.

어떤 모양으로 보이는지 유아에게 묻는다.

다른 형태들도 시도해보고 유아가 보는 각도에서 본 모습을 그림으로 스케치해 보도록 한다.)

※ 유아의 눈높이에 따라 보이는 모습에 따른 의견을 존중해 주는 것이 중요하다.

※ 회전놀이 시 원기둥과 정육면체의 모습을 스케치해 봅시다.

바라보는 위치		위	아래	눈높이
원기둥	평면	(예) 우주선, 로케트모양		
	곡면	(예) 구, 별모양		
	모서리	(예) 팽이모양		
정육면체	평면	(예) 원기둥모양		
	모서리	(예) 우주선, 별모양		
	꼭지점	(예) 별모양		

5) 대칭놀이

: 대칭놀이는 물체에는 서로 대칭(짝꿍)이 있다는 것을 실물을 통하여 직접 눈으로 익힐 수 있는 놀이다(색종이를 접어서 이용한다.).

교사 : 자! 우리 몸에는 짝꿍이 있대요.
코를 중심으로 반으로 나누어 살펴보아요.
이 눈의 짝꿍은?

유아 : 이쪽 눈이요.

교사 : 그럼 이쪽 귀와 짝꿍은?

유아 : 이쪽 귀요.

교사 : 색종이를 반으로 접었을 때 서로 서로 마주 보는 짝꿍친구가 생기는데 이 친구를 '대칭' 이라 한단다.
(정육면체를 들고 가는 막대로 대칭점을 끼워 본다.)
간질간질 들어가네요?
(가는 막대를 끼운 상태에서 돌려 보도록 한다.)
어떻게 보이나요?
(꼭짓점, 면 등에 끼워서도 돌려 보고 반복해서 회전놀이를 한다.)

6) 삼원색과 보색 : 색 혼합 부교재를 만든다.

(빨강 : 파랑), (노랑 : 파랑), (빨강 : 노랑)

7) 건축놀이 : 생활주변에서 체험한 것을 표현해보는 놀이를 한다.

교사 : 자! 오늘은 어떤 재미있는 친구들과 놀이해 볼까요?

1 로봇 만들기

교사 : 자! 선생님과 함께 멋있는 로봇을 만들어 볼까요?
선생님을 도와줄 수 있겠니? (그랜다이저 노래를 부르면서 유아와 함께 만든다.)
로켓포 발사! 피융~ (구가 날아가는 모습을 연출한다.)

2 낚시 놀이

교사 : 자! 선생님과 함께 배를 타고 재미있는 낚시놀이를 해 볼까요?
(막대에 실고리를 달아서 낚싯대를 만든다.)
자! 구물고기와 원기둥물고기 정육면체물고기가 있어요.
자! 물고기를 잡아볼까요? - 집으로 가서 구워 먹어 볼까요?
다시 그네틀을 만들어 굽는다(지글지글 짝짝! 노래를 부른다.)
다 익었나 찔러 보자(가는 막대로….)
어? 덜 익었네?(다시 돌리면서 노래 부른다.)
자! 이제 다 익었나 찔러 보자 어? 어제 다 익었네?
자! 맛있게 먹자. 냠냠냠…(막대로 먹는 시늉.)

3 텔레비전 놀이

텔레비전을 만들어 다양한 장면을 연출한다.

교사 : 자! 텔레비전을 만들어 보자(텔레비전 노래).

짜자잔~ 텔레비전이에요(정육면체는 리모컨).

(TV에 얼굴을 내밀면서 노래도 하고 춤도 춘다.

유아에게 다양한 장면을 연출해 보게 한다.)

④ 버스놀이

버스놀이는 타고 내리는 동작을 재연함으로써 질서의식을 기를 수 있다.

교사 : 2번 버스가 부릉~ 부릉~ 달리고 있어요.

(문을 열면서)자! 어떤 친구를 태울까요?

자! 구 친구가 줄을 잘 서 있네요?

구 친구 타세요. 출발! 부릉~ 부릉~

(이리 저리 다니다가) 원기둥 친구 타세요.

출발! 다음은 구 친구가 내린대요. 잘 가! 안녕!

⑤ 미끄럼틀 놀이

교사 : 구, 정육면체, 원기둥 친구가 놀이터에 놀러갔대요.

재미있는 미끄럼틀을 타려고 해요.

자! 구 친구가 먼저 타려고 해요.

구 친구 씨융~ 잘 타네요. 너무너무 재밌다고 하네요.

다음은 원기둥 친구가 탑니다.

랄랄라! 씨융~ 어? 내려가지 않아요.

어떻게 할까요?

유아 : 눕혀서 타면 되요.

교사 : 그래요. 자! 씨융~ 와! 잘 타네요. 아이 재미있다!

다음은 정육면체 친구 차례입니다. 자! 씨융! 어? 내려가지 않아요. 엉엉엉!

자! 어떻게 하면 정육면체 친구가 미끄럼틀을 탈 수 있을까요?

유아 : 구 친구와 원기둥 친구가 밀어 주면(도와주면) 돼요.

교사 : 자! 구 친구가 도와줍니다. 어? 떨어졌어요.

그러면 원기둥 친구가 도와주면 탈 수 있을까요?

(정육면체 뒤에 원기둥을 올려서 내려가도록 한다.)

유아 : 와! 잘 내려가요. 재미있어요.

⑥ 침대

교사 : 선생님이 침대를 만들려고 해요. 도와줄 수 있겠니?
자! 모양 친구들이 서로 2층에서 자려고 해요.
자! 구 친구가 2층에 올라갑니다.
어? 떨어졌어요.
구 친구는 위험해서 2층에서는 안 되겠어요. 1층에서 자요.
다음은 원기둥 친구! 어? 원기둥 친구는 옆으로 자니까 떨어지려고 해요.
원기둥 친구도 1층에서 자야겠네요.
다음은 정육면체 친구! 평평해서 떨어지지 않아요.
정육면체 친구가 2층에서 자야겠네요.

⑦ 기차놀이

교사 : 자! 선생님과 기차를 만들어 볼까?
칙칙폭폭! 칙칙폭폭!
기찻길 옆 오막살이 아기 아기 잘도 잔다.
칙! 폭~! 칙! 폭~! 칙칙폭폭! 칙칙폭폭!
기차 소리 요란해도 아기 아기 잘도 잔다.

6. 2가베 실제 활동의 예

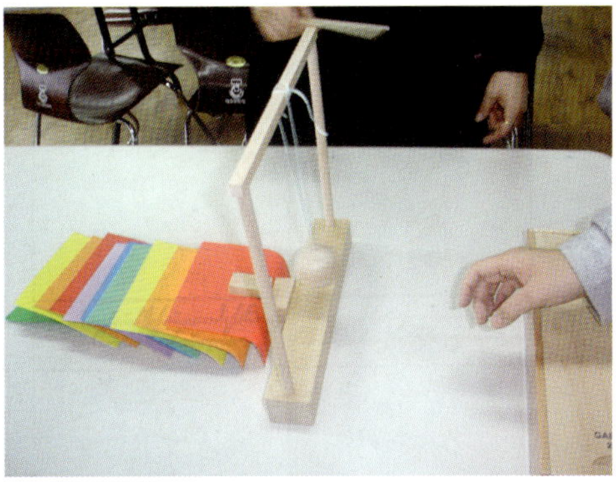

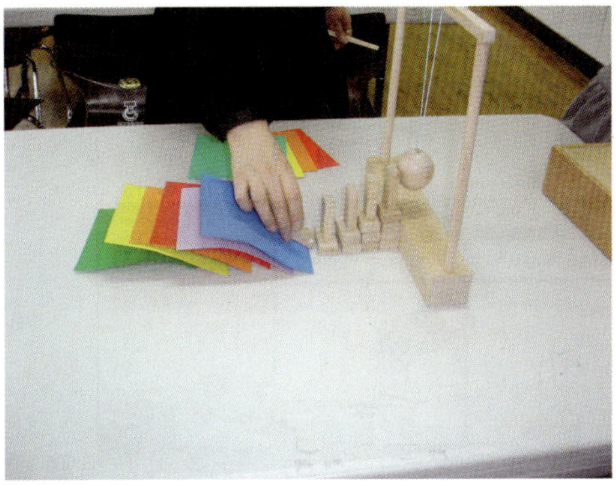

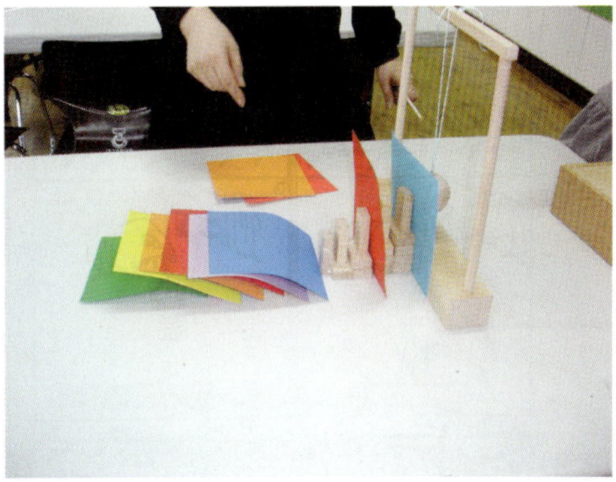

III. 3가베(GABE)

1. 가베의 구성

- 한 변의 길이가 3cm인 정육면체 8개

2. 구성 원리

사물의 모양을 변별할 수 있게 된 유아는 사물이 지니는 내적인 성질을 알고 싶어 하고 분해하려 한다. 프뢰벨은 유아가 스스로 간단히 분리하면서도 자연스럽게 표현할 수 있고, 또 원래의 형태로 조립하기 위한 구체적인 교구가 필요하다는 생각에 2가베의 분리를 선택했다. 3가베는 2가베의 정육면체를 가로, 세로, 위, 아래로 한 번씩 잘라 작은 정육면체를 8개로 만들었다.

3가베는 손쉽게 분해했다가 손쉽게 맞출 수 있는가 하면 분해된 형태로부터 새로운 형태를 만들 수 있으므로 유아들의 욕구를 충족시킬 수 있다. 또 유아들은 분해와 결합의 놀이 과정을 통해서 커다란 정육면체(전체)가 8개의 작은 정육면체(개인)로 나뉘고,

또 8개의 작은 정육면체(개인)가 모두 모여 커다란 정육면체(전체)가 됨을 안다. 3가베는 쉽게 분해와 조립이 가능하므로 부분과 전체의 관계를 깨닫기에 좋고, 한 개만 없어도 원래의 모양이 안 된다. 이것을 프뢰벨은 정신적인 관계에서 보면 단체와 개인의 관계를 보여주며, 이는 전체와 개인으로 이루어지는 유치원이나 단체 생활로 확장되어 전체 생활 속에서의 개인을 이해하도록 돕는다.

3가베의 또 다른 특징은 여러 가지 건축물을 만들 수 있다는 점이다. 이 놀이를 통해 창의력, 공간인식력, 상상력, 수리력, 균형과 비례를 통한 미적 감각을 기르고, 자발적으로 아름답고 멋진 건축놀이를 할 수 있다.

3. 교육 목적

1) 아름다운 건축물을 만들어 본다.
2) 전체와 부분의 관계를 알게 한다.
3) 손놀림의 정교함과 구성력을 길러 준다.
4) 대칭 놀이를 통해 자연의 균형감과 사물의 안정감을 느끼게 한다.
5) 모양 놀이를 통해 사물의 단면을 경험하게 한다.
6) 무늬 놀이를 통해 미의식을 경험하게 한다.
7) 정리 정돈의 습관을 갖게 해 준다.

4. 활동 소개

1) 소개하기

3가베를 소개하고 2가베 정육면체와 3가베와의 닮은 점, 다른 점을 알아 본다.

2) 꺼내는 법, 정리하는 법

♪ 가로도 아니요
세로도 아니요
대각선

3) 비교 및 자르기

〈 비교 〉

① 2가베와 3가베 정육면체끼리의 비교 – 모양과 높이가 같다

② 큰 정육면체와 작은 정육면체의 비교 – 모양은 같으나 높이가 다르다.

〈 자르기 〉

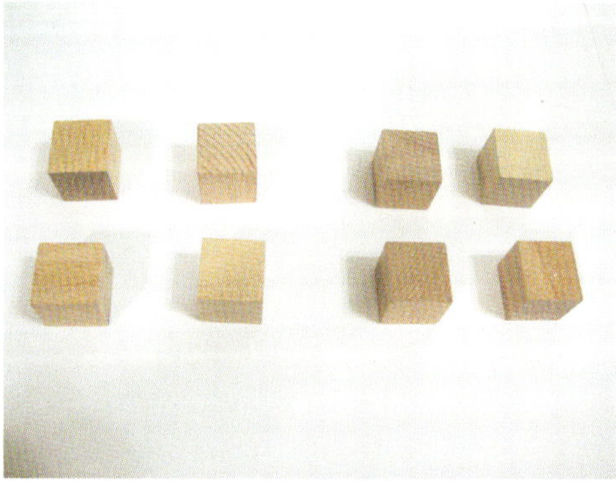

4) 건축놀이 :

유아가 주변에서 경험한 것으로부터 시작하여 창의적인 건축물을 만들어 볼 수 있도록 한다. 작은 정육면체를 모두 사용하여 완성된 한 개의 건축물을 만들어 본다.

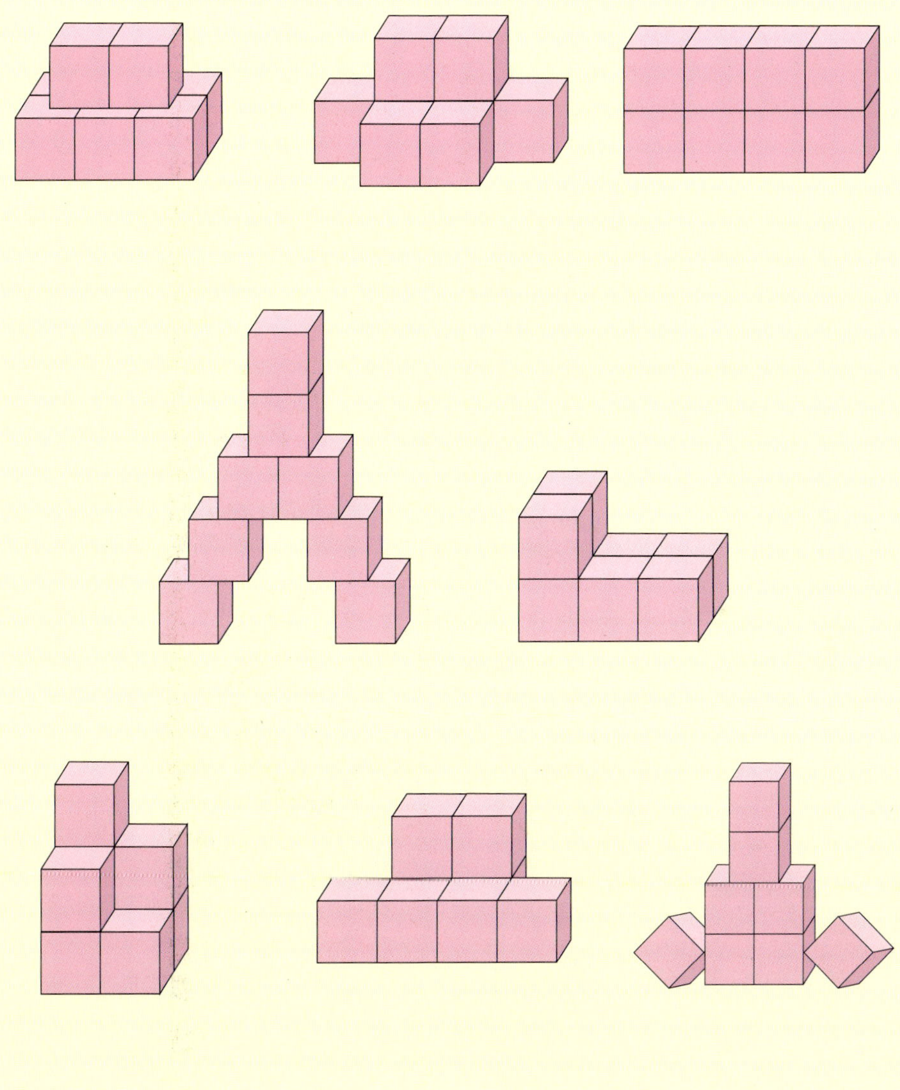

5) 무늬놀이 : 정육면체 8개로 무늬를 만들어 본다.

① 가로무늬 – 테이블보 무늬, 띠 무늬, 커튼 무늬, 꽃병 무늬, 양복 무늬, 앞치마 무늬, 주단 무늬, 커피잔 무늬

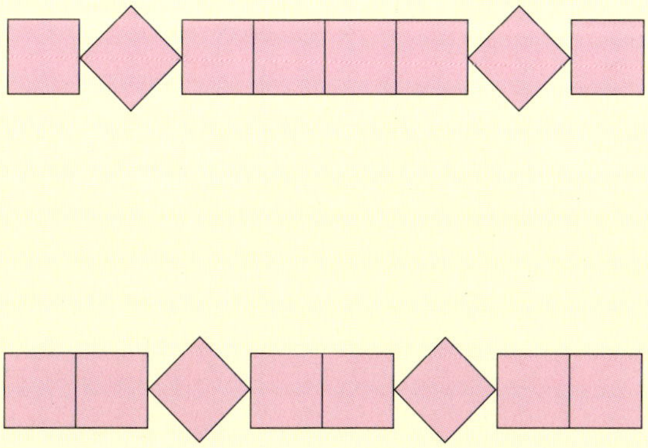

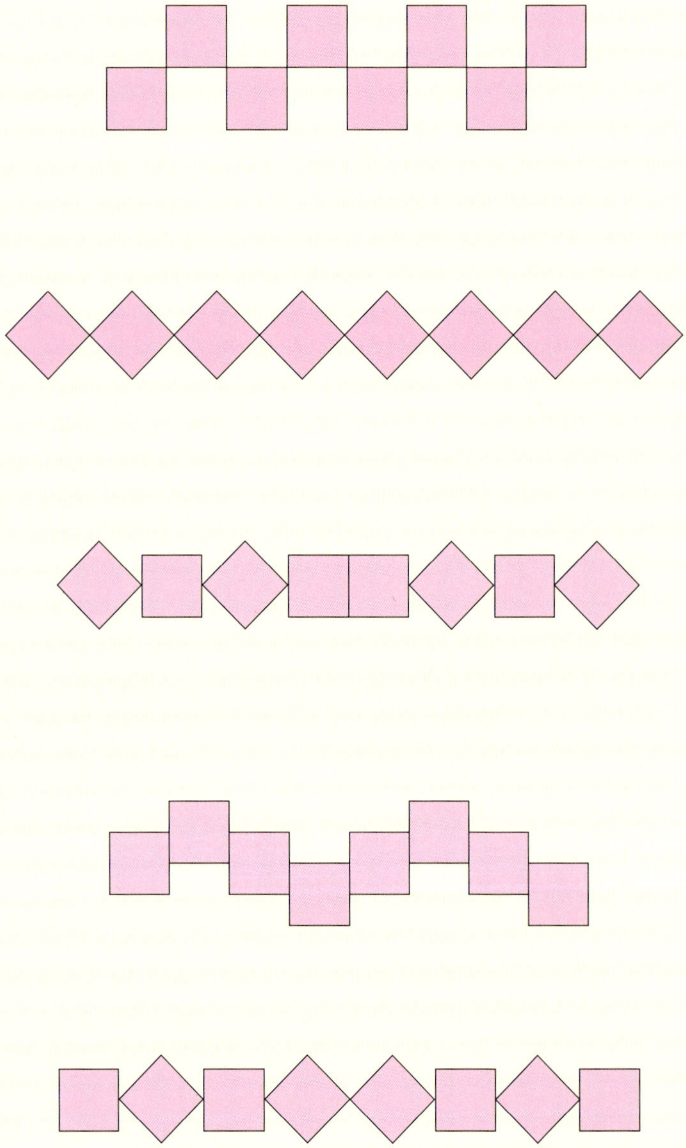

② 무늬놀이

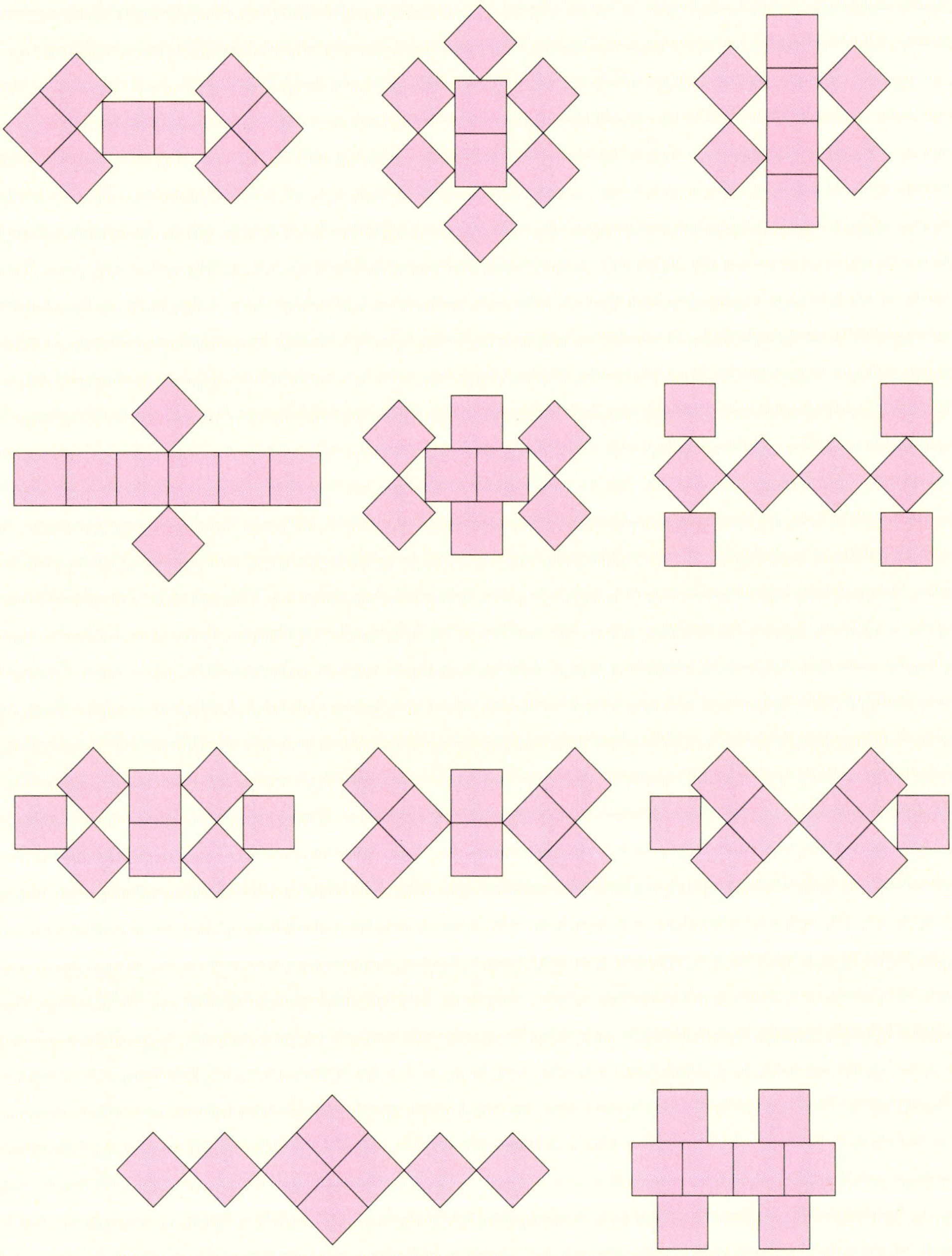

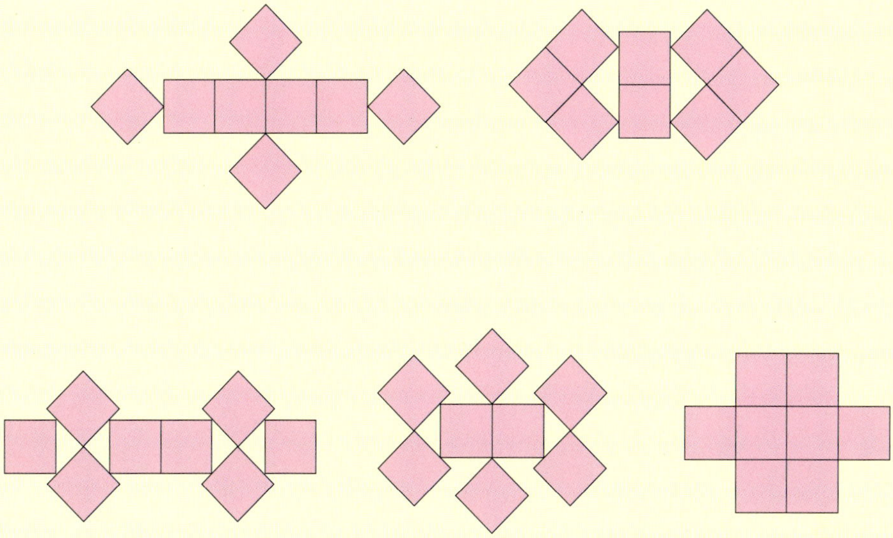

③ 중심이 변하는 놀이

6) 지혜놀이

1 가베를 이용하여 수학의 측정인 높다/낮다, 길다/짧다, 많다/적다, 크다/작다 의 개념을 안다.

2 수학적인 수나 양 , 길이에 대한 비교를 통해 공간 지각력과 탐구심을 기른다.

① 길이, 폭, 높이의 비교

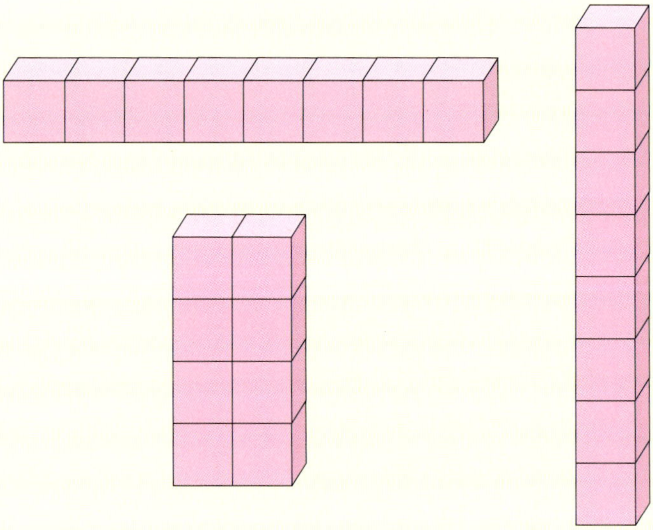

높이 : 정육면체 4개

폭 : 정육면체 1개

길이 : 정육면체 2개

② 정사각형과 직사각형의 비교

7) 평면놀이

유아가 주변에서 경험한 것으로부터 시작하여 자유롭게 평면물을 만들어 볼 수 있도록 한다.

5. 교사와의 상호작용의 예

1) 여러 방향으로 자르기(소개 및 2가베와 비교)

교사 : 자! 이 속에 어떤 친구가 들어 있을까요?
3가베 친구와 재미있는 놀이를 해 볼까요?
(천천히 열면서)1cm 정도 열고는 멈춘다.
세워서 보여주고 뒤집는다.
가로, 세로, 하나, 둘 하면서 덮개를 연다.
상자를 들어낸다.
상자를 놓고 뚜껑을 상자 속에 넣으면서 노래 부르기
♪ 가로도 아니고 세로도 아니고 대각선
어! 이 친구 어디서 보았을까요?

유아 : 2가베에서 봤어요.

교사 : 맞았어요. 그럼! 2가베 친구와 무엇이 다를까요?
(2가베 정육면체와 비교해 본다.)
음! 같구나. 크기도 높이도 같은데 이 친구는 잘려져 있구나.
(작은 정육면체 1개를 굴려서 빼면서) 어? 한 정육면체 친구가 도망갔어요. 한 친구가 빠지면 정육면체가 될 수 있을까요?

유아 : 없어요.

교사 : 네 맞아요. 전체에서 1개라도 빠지면 전체의 모양이 변해서 정육면체라고 할 수 없어요. 부분들이 모두 있어야지만 전체를 완전하게 이룰 수 있답니다.

자! 3가베 정육면체 친구를 한번 잘라 볼까요?
(쓱싹 쓱싹 쓱싹 쓱싹 노래를 부르면서)
손으로 이등분으로 자른다.
어? 2가 되었어요. (배수의 개념을 심어 준다.-1, 2)
자! 또 한 번 잘라 볼까요?(노래를 부르면서)
어? 2에서 4가 되었어요. (1, 2, 3, 4)
아까는 2개였는데 4개가 되었지요?
자! 또 잘라볼까요?(쓱싹 쓱싹 쓱싹 쓱싹)
어? 아까는 4개였는데 8개가 되었구나!
- 1, 2, 3, 4, 5, 6, 7, 8

★ 정리하기 : 정리하기는 역순 방향으로 한다.

2) 대칭놀이

4가지 색의 스티커를 2개씩 준비한다.

(작은 정육면체에 한 쌍씩 스티커를 붙인 정육면체를 유아와 교사가 똑같이 나눈다.)

교사 : 자! 지금부터 선생님과 재미있는 짝꿍놀이를 해 볼 거예요.

(스티커 붙인 면을 보여 주면서) 이 색깔 친구와 짝꿍이 되는 친구를 찾아볼까요?

– 정육면체를 이동시키면서 짝꿍놀이를 한다.

3) 건축놀이

1 정육면체 8조각 이용

교사 : 자! 오늘 선생님과 재미있는 만들기를 해볼까요?

무엇을 만들어 볼까요?

유아 : 네, 선생님 식탁을 만들어 보고 싶어요(유아의 의견을 존중해 준다).

교사 : 자! 미키와 미니와 함께 재미있는 식탁놀이예요.

그 외 유아와 함께 다양한 만들기를 해본다.

교사 : 자! 선생님이 이런 모양을 만들었어요. 뭘까요?

유아 : 네, 선생님 성 같아 보여요. 사다리 같기도 해요.

② 상자와 뚜껑 전체까지 이용

교사 : 자! 오늘은 이 상자까지 모두 이용해서 멋지게 만들어 봐요.

* 자! 어떤 재미있는 모양들이 만들어질까요?

4) 중심이 변하는 무늬, 변하지 않는 무늬

① 중심이 변하지 않는 무늬 : 중심은 변하지 않으면서 대칭놀이를 한다.

* 중심을 먼저 정한 후 대칭놀이를 한다.
* 변화하는 과정마다 뭐 같아요? 하고 유아에게 물어본다.

② 중심이 변하는 무늬

5) 빈자리 연구 : 전개도를 이용하여 작은 정육면체를 채워 놓는 놀이

* 선생님이 생쥐가 살고 있는 작은 방을 1개 만들었어요.
* 한번 들여다볼까요? (손가락도 넣어 본다.)

* 이 작은 방에는 생쥐 한 마리가 살았어요.
그런데 생쥐는 너무너무 심심했어요.
어느 날 토끼 친구가 찾아왔어요.
"똑똑똑! 생쥐야! 난 토끼야!"
"미안해 토끼야! 방이 1개밖에 없어서 들어올 수 없단다."
그때 세일러문이 나타났어요. "세일러문!" 하고 외치면서
짜자잔! 방을 1개 더 만들어 주었어요,
그래서 이젠 토끼가 들어올 방이 생겼지 뭐예요?
생쥐와 토끼는 "쎄쎄쎄" 노래를 불렀어요,
* 거북이, 사자, 여우를 차례차례 등장시키면서 방을 1개씩 늘려간다.

6) 지혜놀이 : (인식 형식에 포함) 높다 : 낮다 / 길다 : 짧다 / 크다 : 작다의 인식
(8조각의 정육면체 조각들을 이용해서 쌓거나, 길게 연결하거나, 모양을 만든다.)
교사 : 길다란 기차가 있어요. 길다. / 장난감 자동차예요. 짧다.
높은 아파트가 있어요. 높다. / 그 옆에 작은 집이 있네요. 낮다.
커다란 케이크예요 . 크다. / 작은 각설탕 하나예요. 작다.

6. 3가베 실제 활동의 예

Ⅳ. 4가베(GABE)

1. 가베의 구성

- 직육면체 8개(3cm × 6cm × 1.5cm)

2. 구성 원리

3가베를 사용하여 건축이나 무늬 놀이 같은 기본적인 놀이를 익힌 유아들은 4가베를 통해 지금까지 다루어 온 정육면체를 반으로 자른 직육면체라는 새로운 모양을 접하게 된다. 4가베는 2가베를 자르는 방법만 세로와 위, 아래로 바꿔 만든 8개의 직육면체이다. 4가베 직육면체는 개수도 3가베와 마찬가지로 8개이고 전체를 결합한 모양 또한 이미 경험했던 것이어서 유아들이 쉽게 이해할 수 있다.

그러나 4가베 직육면체는 서로 다른 세 가지의 면과 모서리를 가진 도형이기 때문에 건축놀이를 할 때 공간을 많이 잡을 수 있고, 직육면체 한 개로 3가지 모양으로 사용할 수 있어 3가베로 만든 건축보다 훨씬 더 실제에 가까운 건축을 할 수 있다.

또한 유아들은 4가베 직육면체의 이러한 특징으로 인해 3가베 정육면체로 활동할 때

보다 더욱 다양한 공간의 변화를 시도해 볼 수 있다.

3. 교육 목적

1) 정육면체와 직육면체를 비교하여 새로운 모양을 알게 한다.
2) 자르는 방법을 달리함으로써 직육면체라는 새로운 모양을 알게 한다.
3) 공간의 변화를 갖는 건축물을 통해 균형과 중심에 대해서 알게 한다.
4) 직육면체의 다양한 면을 알게 한다.
5) 직육면체를 알고, 공간을 이용한 건축을 한다.
6) 수리적인 능력을 키운다(높이, 길이, 면의 비교 등).
7) 도미노 놀이를 통해 힘의 원리를 알게 한다.
8) 호기심이 왕성한 유아의 지적 욕구를 만족시킨다.

4. 활동 소개

1) 소개하기

1 3가베와의 비교

	3가베	4가베
유사점	전체 모양이 입방체 8개로 나뉜다.	
차이점	정육면체 8조각	직육면체 8조각

2 정육면체와 직육면체의 비교

3 직육면체 소개

2) 자르기

3) 건축놀이 : 유아가 주변에서 경험한 것으로부터 시작하여 창의적인 건축물을 만들어 볼 수 있도록 한다. 작은 정육면체를 모두 사용하여 완성된 한 개의 건축물을 만들어 본다.

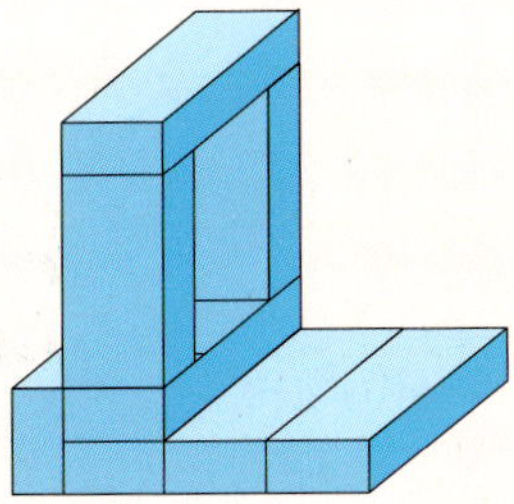
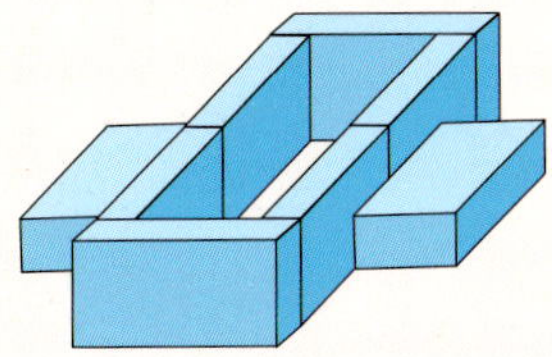
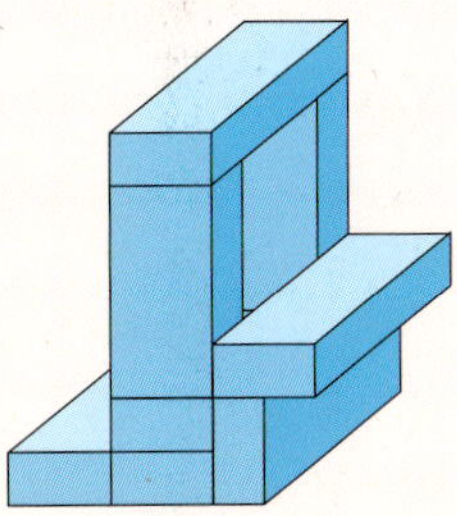

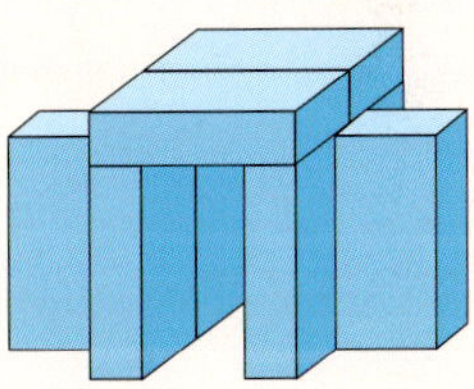
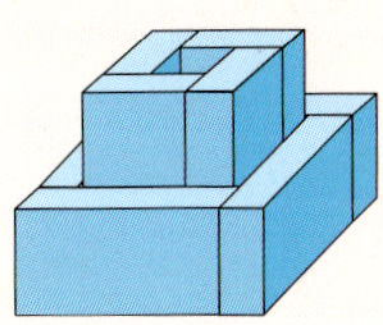
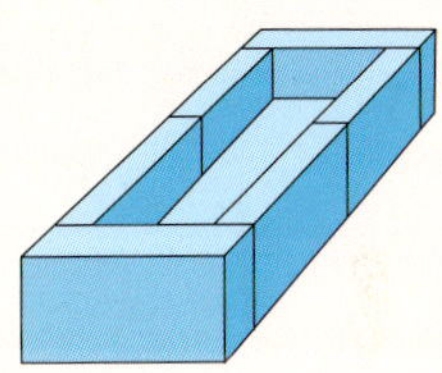
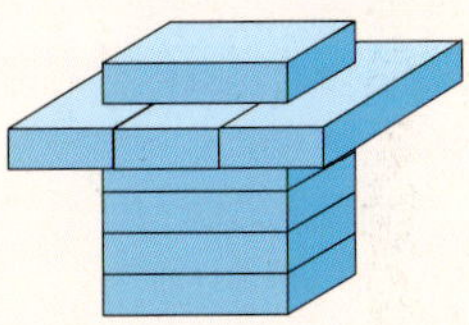
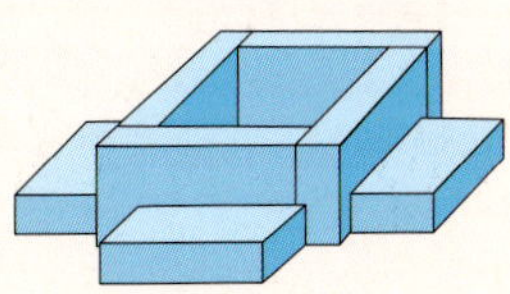
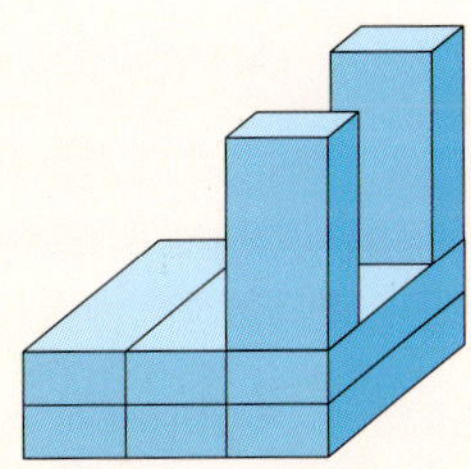

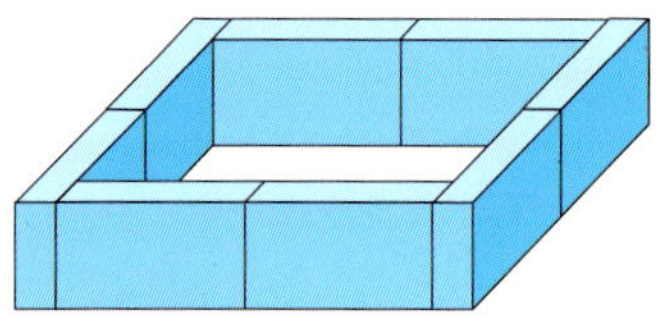

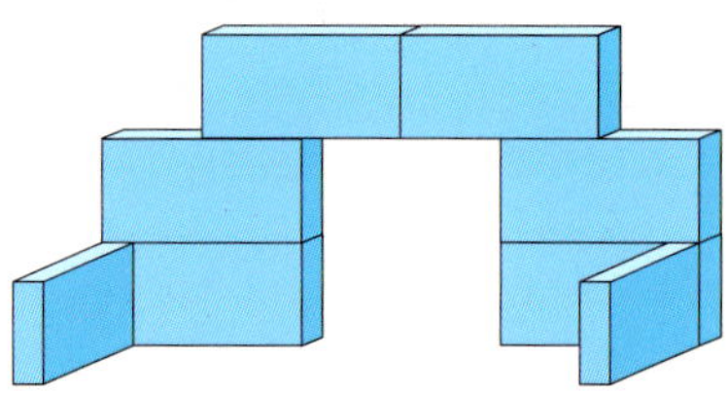

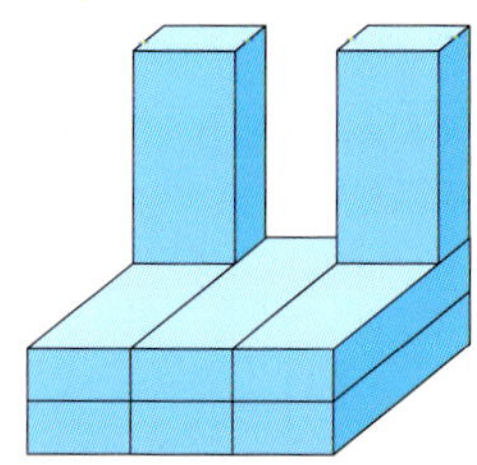

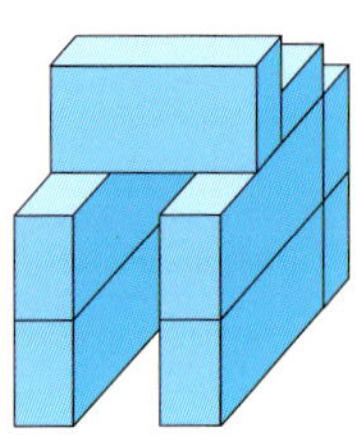

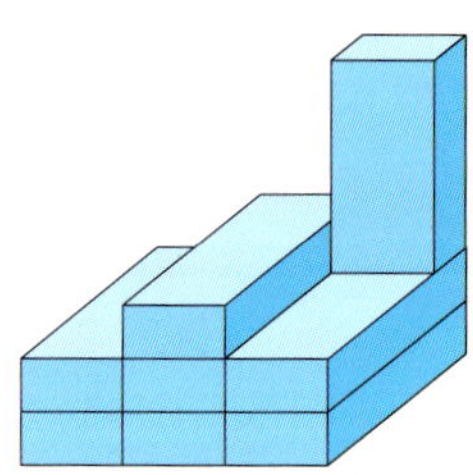

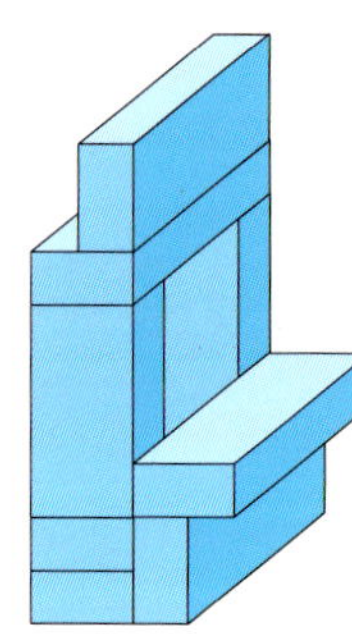

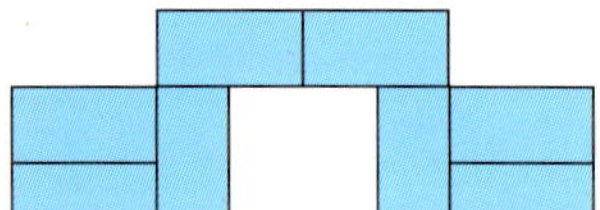

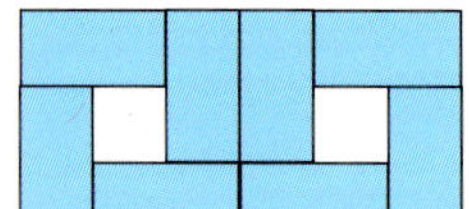

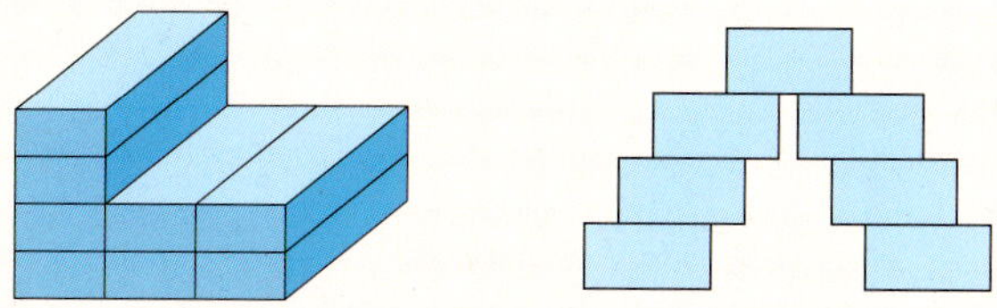

4) 평면놀이

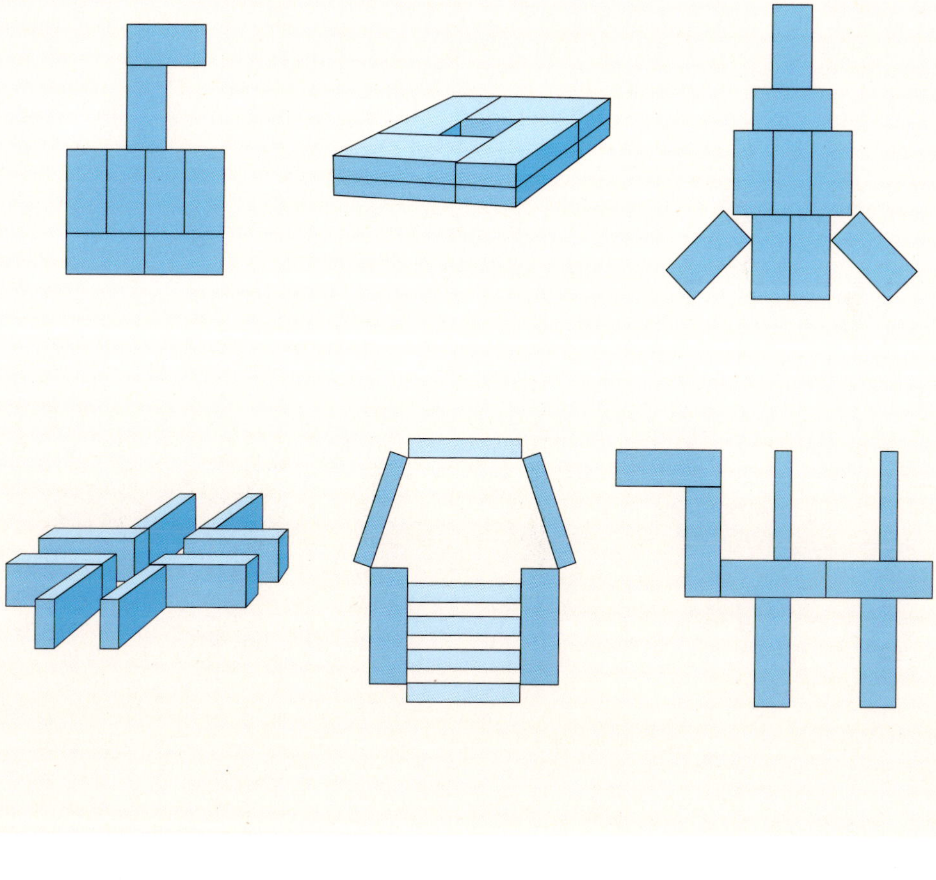

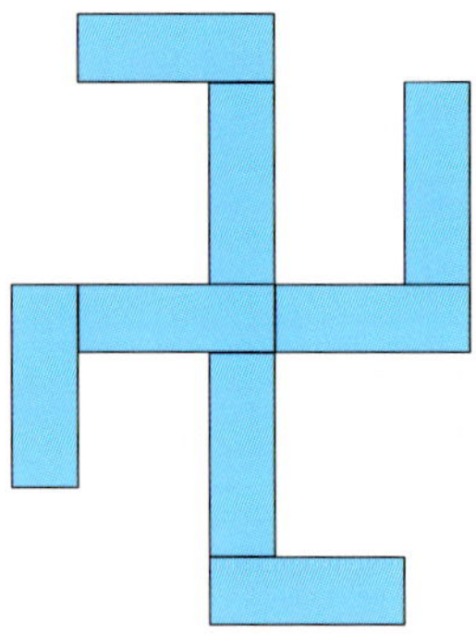

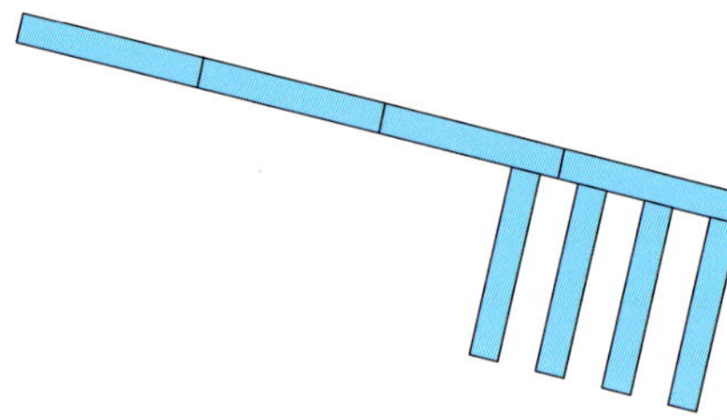

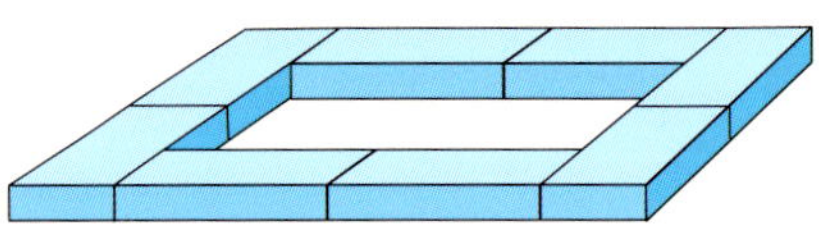

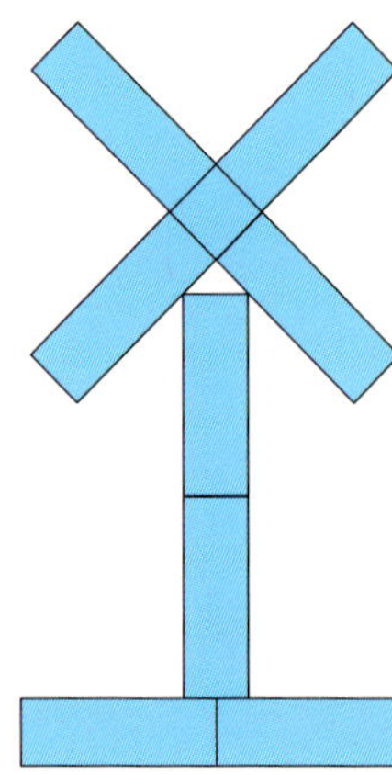

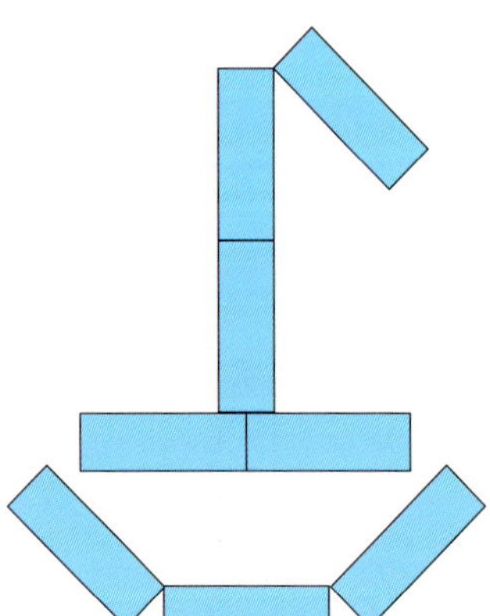

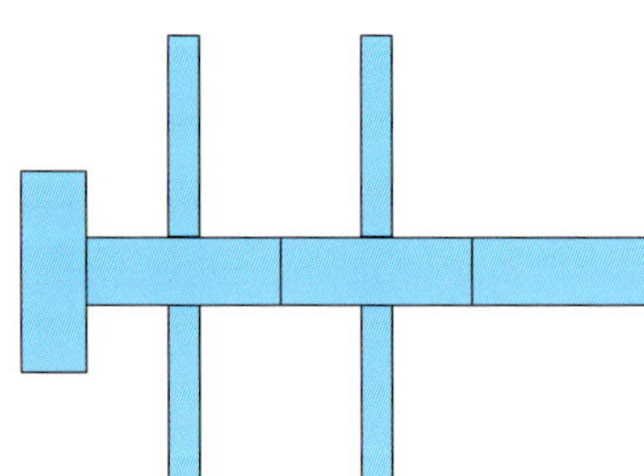

5) 무늬놀이

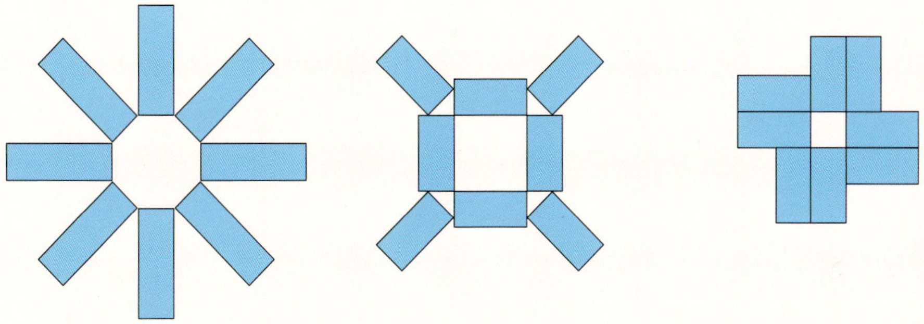

5. 교사와의 상호작용의 예

1) 비교하기 및 자르기

3가베를 꺼내서 4가베와 나란히 놓고 비교한다.

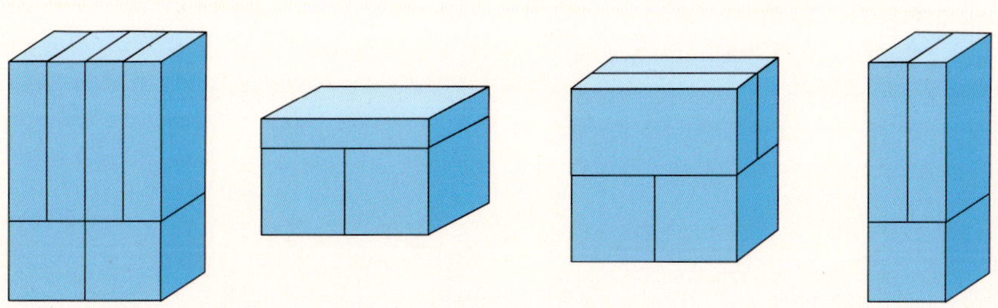

교사 : 4가베 친구가 3가베 친구와 같은 점이 뭘까요?

유아 : 키가 같아요. (같은지 대어본다.)

교사 : 또 뭐가 같을까요? 면의 크기가 같아요.

유아 : 꼭짓점, 모서리가 같아요.

교사 : 그러면 다른 점은 무엇이 있을까요?

유아 : 자른 모양이 달라요.

교사 : 자! 4가베 자르기를 해볼까요?(쓱싹 쓱싹)

★ 정리하기 : 정리하기는 역순 방향으로 한다.

2) 명칭 알기

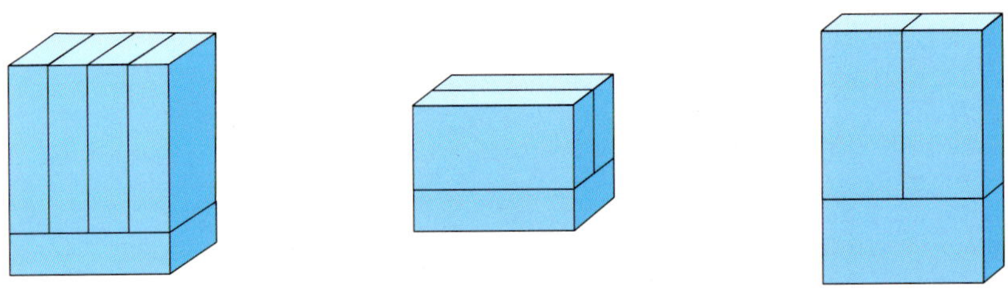

색종이를 잘라서 각각 다른 크기의 면에 붙여 본다.

교사 : 면의 크기가 다르구나? 이것을 직육면체라고 한단다.
자! 이름이 있단다. 따라해 보겠니?
색종이 자른 것을 면에 올려놓아 본다.
큰 면, 긴 면, 중간 면(긴 면)이라고 한단다.
큰 면으로만 기차를 만들어 볼까요?
이번에는 작은 면으로 만들어 볼까요?

3) 건축놀이

① 직육면체 8조각 이용

교사 : 오늘은 어떤 재미있는 것을 만들어 볼까요? :

소파, 침대, 의자, 성, 터널

② 상자와 뚜껑 전체까지 이용

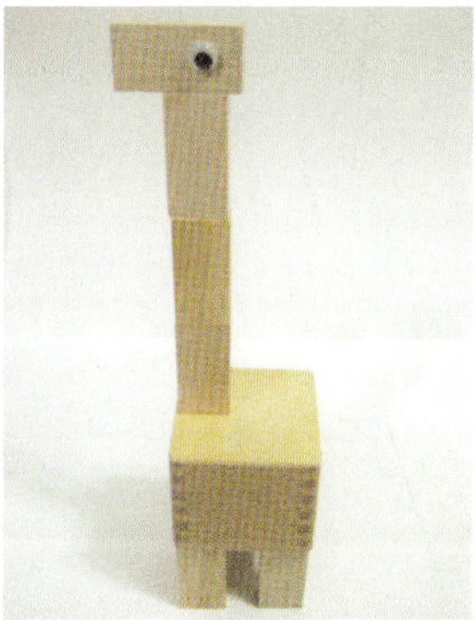

: 이층집, 성, 기차, 기린, 식탁

4) 연상놀이 (창문 마술) :

(슬럼프 시 획기적으로 재미를 부여할 수 있는 수업.

– 3, 4가베 연합놀이 가능. 2가베 상자 이용)

교사 : 자! 오늘은 재미있는 놀이를 해봐요.
미키와 미니가 재미있는 마술을 보여준대요.
미키와 미니가 창문 앞에 있네요?
창문을 변하게 만든대요. 잘 보세요?
어? 창문이 3개가 되었네? 신기하죠?

5) 도미노 놀이

교사 : 유치원에 친구들이 줄을 섰어요.
하나, 둘, 셋, 넷 어? 뒤의 친구가 넘어졌어요.
어? 다 넘어졌네?

6) 3가베와 4가베 연합놀이

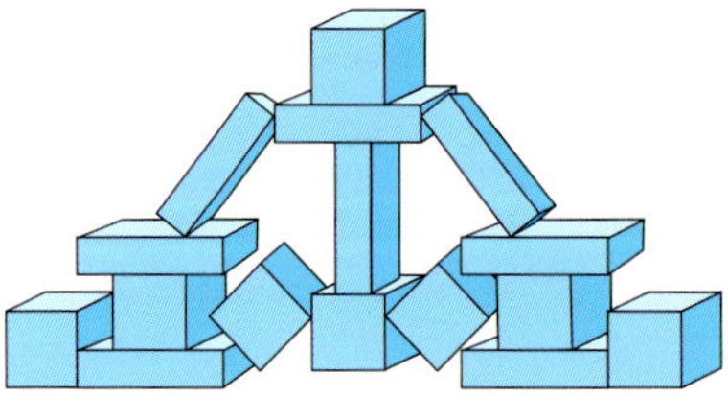 

6. 4가베 실제 활동의 예

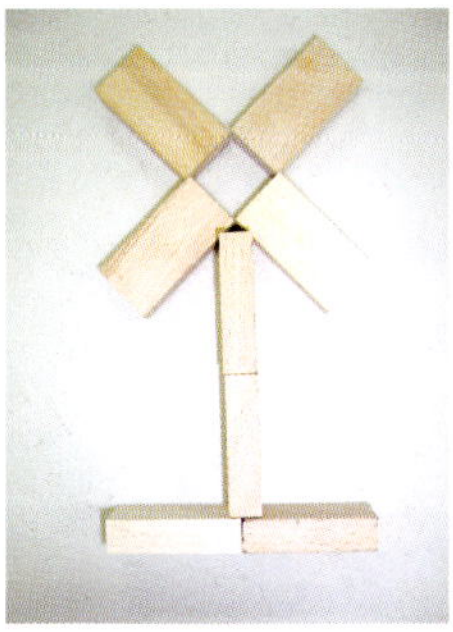

Ⅴ. 5가베(GABE)

1. 가베의 구성

- 정육면체(3cm × 3cm × 3cm) 21개
- 정육면체를 대각선으로 한 번 자른 큰 삼각기둥 6개
- 정육면체를 대각선으로 두 번 자른 작은 삼각기둥 12개

2. 구성 원리

5가베는 3가베를 발전시킨 것으로, 3가베를 1.5배 확대한 정육면체이다. 이를 가로, 세로, 높이로 2번 잘라 작은 정육면체가 27개, 큰 삼각기둥 6개, 작은 삼각기둥 12개로 만들었다. 프뢰벨은 유아에게 지금보다 더 복잡하고, 아름답고, 실제에 가까운 것을 만들게 하기 위해 부분의 수를 증가시키고, 큰 삼각기둥과 작은 삼각기둥과 같은 새로운 모양을 만들었다.

삼각기둥의 등장으로 건축놀이를 할 때에는 지붕을 얹을 수 있고 직육면체나 정육면체로는 표현할 수 없었던 삼각형, 평형사변형, 사다리꼴, 오각형, 육각형 등 다양한 모양을 표현할 수도 있다. 큰 삼각기둥과 작은 삼각기둥은 정육면체를 분해해서 만든 것으로 크기는 다르지만 오면체이다.

3가베와 4가베로 연합놀이를 하더라도 그 수가 작아 왕성한 의욕을 가진 유아의 만족감에 한계가 있었는데, 5가베는 부분의 개수가 많아 실제에 가까운 다양한 건축과 놀이를 할 수 있기에 더욱 유아의 흥미를 유발시킬 수 있다.

3. 교육 목적

1) 삼각기둥을 알게 한다.
2) 다각형과 새로운 기하형태를 경험하게 한다.
3) 복잡하고 아름다운 건축물을 만들고 경험시킨다.
4) 놀이를 통하여 입체 도형의 다양한 면을 알게 한다.
5) 무늬놀이를 통한 미적 감각을 기르게 한다.
6) 공각 개념을 기르고, 순서의 개념을 발달시킨다.
7) 논리적이며 계획적인 사고능력을 기른다.
8) 인식형식 놀이를 통해 자연스럽게 수학적인 능력을 기르게 한다.

4. 활동 소개

1) 자르기

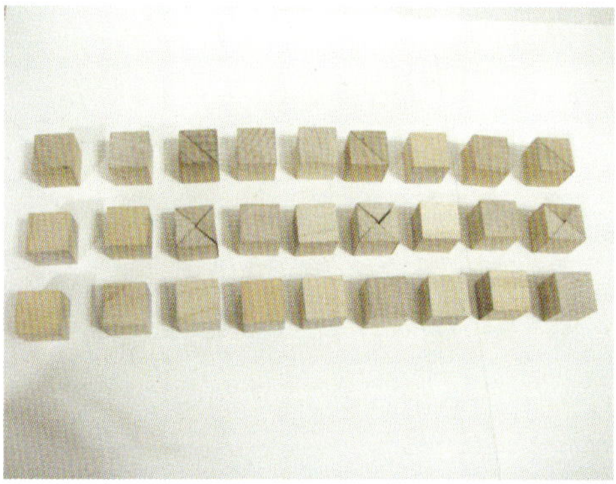

2) 부분 비교하기

1 작은 정육면체와 큰 삼각기둥 비교

2 작은 정육면체와 작은 삼각기둥 비교

3 큰 삼각기둥과 작은 삼각기둥 비교

3) 건축놀이

1 1/3 건축놀이

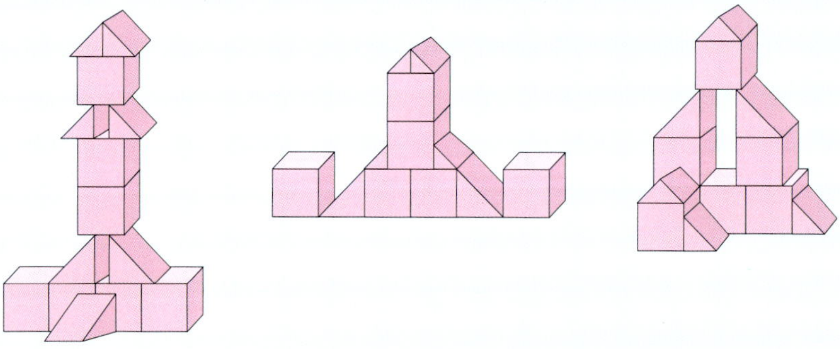

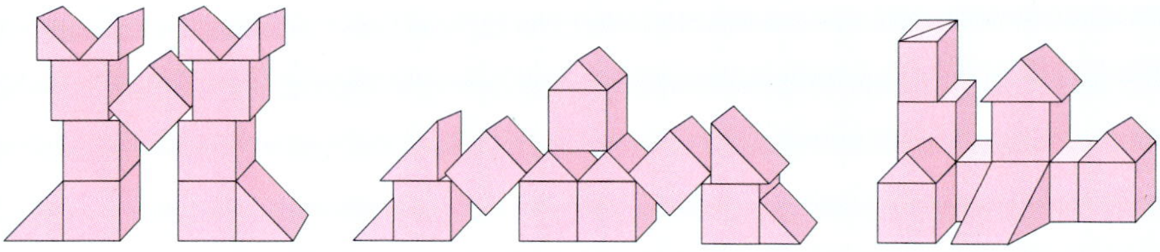

② 독립된 건축놀이(전체 이용)

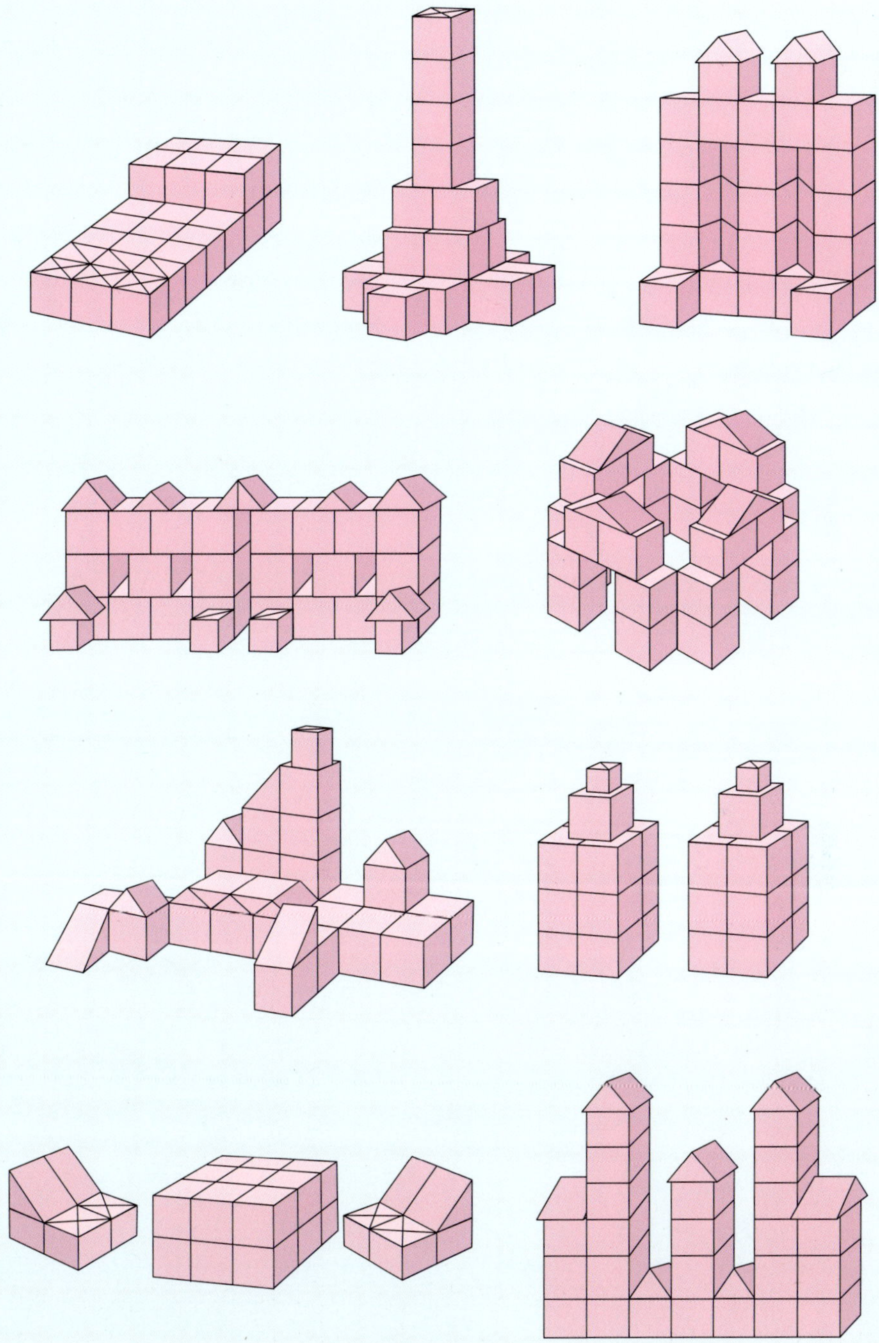

3 평면 놀이

4) 무늬놀이

1 사각형을 중심으로 하는 무늬놀이

② 삼각형을 중심으로 하는 무늬놀이

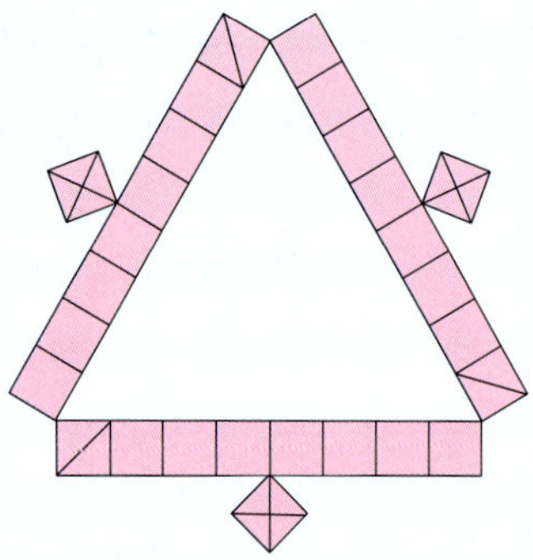

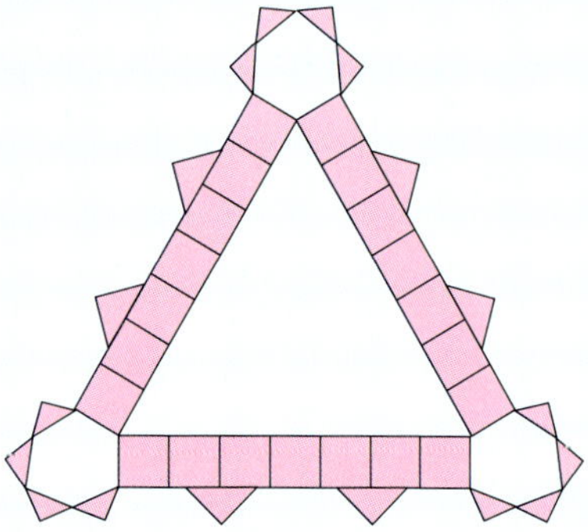

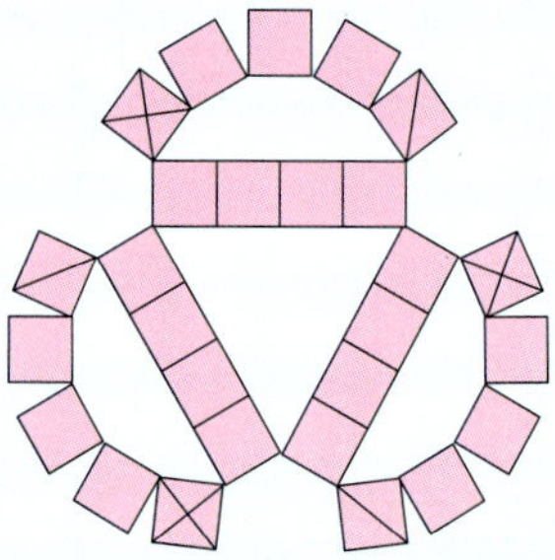

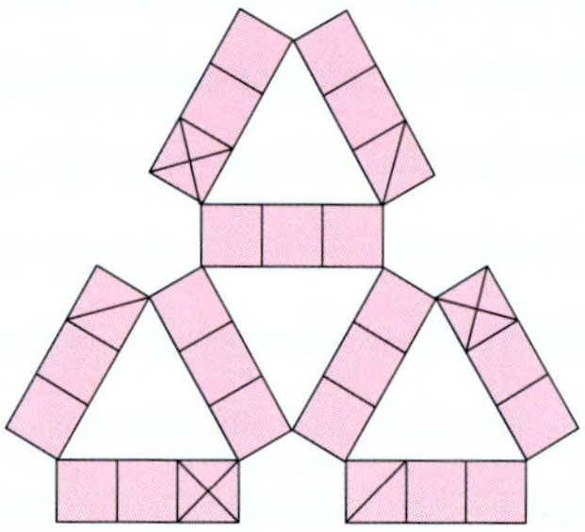

③ 육각형을 중심으로 하는 무늬놀이

5. 교사와의 상호작용의 예

1) 자르기 및 3가베와 비교

교사 : (상자를 흔들면서) 어? 이번에는 어떤 친구들이 있을까요?

― 자! 소리를 들어 보세요.

상자를 1, 2하면서 뒤집으며 뚜껑을 하나, 둘, 셋만에 뺀다.

상자에 뚜껑을 넣어서 한쪽 옆에 둔다.

교사 : 자! 잘라 볼까요? (쓱싹! 쓱싹!) 1, 2, 3

교사 : 또 잘라 볼까요? 1, 2, 3, 4, 5, 6, 7, 8, 9

계속 자르기를 하고 앞줄부터 자른다.

★ 정리하기 : 정리하기는 역순 방향

2) 3가베와 비교 :

같은 점 - 꼭짓점, 면, 모서리의 수, 정육면체 모양

다른 점 - 크기, 갯수, 잘려진 모양

3) 세모기둥과 정육면체의 비교

① 면의 크기 비교 :

작은 세모기둥을 마주보게 해서 정육면체가 되는 과정을 보여 준다.

2) 1/3 건축놀이 : 유아가 갑자기 늘어난 많은 양에 부담스러워하면 나누어서 1/3만 우선 제공할 수 있다.

교사 : 자! 오늘은 선생님과 재미있는 만들기 놀이를 해봐요.
(쓱싹! 쓱싹!) 3등분까지만 자르기를 한다.
(세모기둥을 보이며) 이것은 무엇일까요? – 세모기둥이라 하자.
자! 무엇을 만들어 볼까요?

3) 건축놀이

1 전체 정육면체 이용

교사 : 오늘은 어떤 재미있는 것을 만들어 볼까요? :
소파, 침대, 의자, 성, 터널

2 상자와 뚜껑까지 이용

교사 : 자! 커다란 침대를 만들어 볼까요?
의자를 만들어 볼까요?

4) 빈자리 연구 : 비어 있는 공간을 채워 보기

교사 : (세모기둥을 최대한 많이 활용 유도)
몇 개가 필요할까요?

5) 겨울잠 자는 동물 :

교사 : 겨울에는 추워서 동물들이 코~잔대요.
자! 어떤 친구들이 자고 있는지 들여다 볼까요?
(1개를 빼면서) 와! 개구리가 자고 있네요.
또 어떤 친구가 자고 있을까요?
와! 뱀도 겨울잠을 자고 있어요.
이번엔 또 누가 있을까요?
커다란 곰 친구는 어디에서 잠을 자나요?

6. 5가베 실제 활동의 예

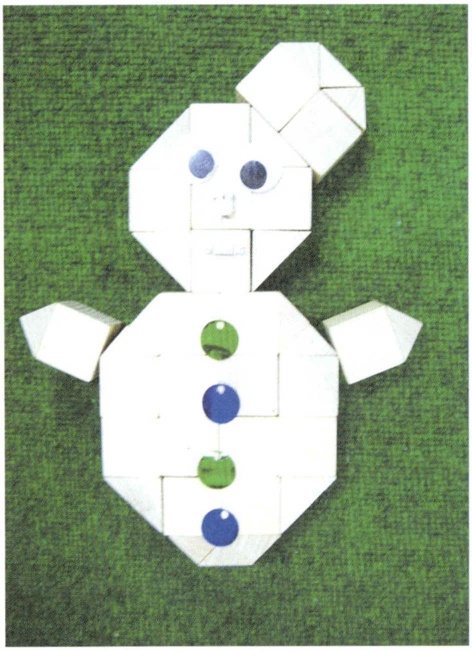

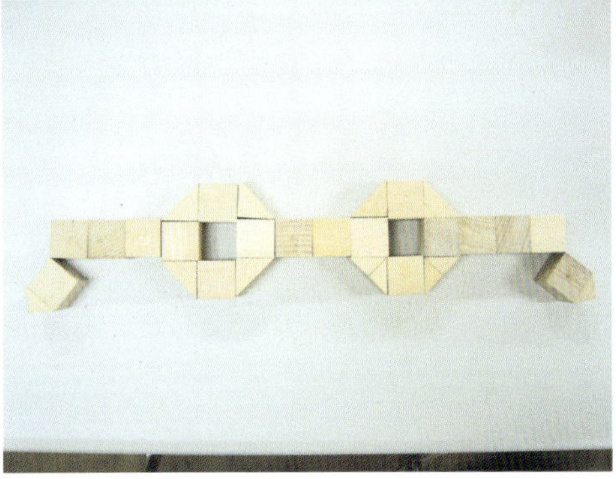

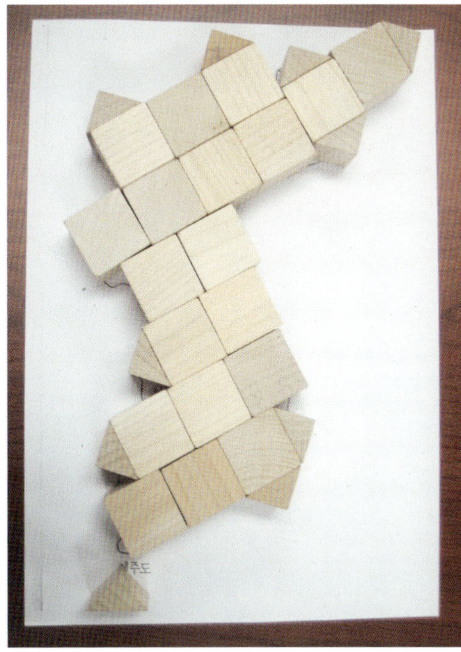

VI. 6가베(GABE)

1. 가베의 구성

- 직육면체 18개(3cm × 6cm × 1.5cm)
- 직육면체 6개를 짧게 한 번씩 자른 받침 12개(3cm × 3cm × 1.5cm)
- 직육면체 3개를 길게 한 번씩 자른 기둥 6개(6cm × 1.5cm × 1.5cm)

2. 구성 원리

6가베는 4가베를 발전시킨 것으로 27개의 직육면체와 12개의 받침, 6개의 기둥으로 구성되어 있다. 4가베를 발전시킨 6가베는 5가베와 전체 크기는 같으나 그 자르는 방법을 달리하여 직육면체, 받침, 기둥으로 구성되어 있다. 이는 5가베에서와는 달리 또 다른 의미의 발전이 이루어진 형태라 할 수 있다.

6가베의 직육면체를 잘라 기둥과 받침을 만들었는데, 이 기둥을 사용함으로 공간을 많이 가지는 이상적인 건축을 할 수 있다. 새롭게 등장한 기둥이나 받침은 겉모양은 단순하지만 이를 사용하여 건축하기란 유아에겐 결코 쉽지 않을 것이다. 그러므로 난이도는 있으나 빈 공간을 많이 가지는 이상적인 건축을 할 수 있고 특히 실제적이고 아름다운 건축의 미를 충분히 살릴 수 있다.

3. 교육 목적

1) 기둥과 받침의 서로 다른 성질을 이해할 수 있다.
2) 공간 구성 변화의 아름다움을 충분히 살려 공간의 미를 알게 한다.
3) 견고하고 균형 잡힌 건축물을 만든다.
4) 실제에 가까운 이상적인 건축물을 만든다.
5) 단순한 재료에 의해 복잡한 것을 만들 수 있음을 안다.
6) 도미노 놀이를 통한 힘의 전달 원리를 알게 한다.
7) 창의력과 조형 능력을 키워 준다.

4. 활동 소개

1) 비교하기

5가베와 6가베의 비교

	5가베	6가베
유사점	나무 상자 안에 들어 있음 전체가 9cm 정육면체 분해 가능 다시 자른 부분의 수 18개 직각이 있다. 3cm의 변이 있다. 4각의 면이 있다. 전체가 3의 배수	
차이점	부분의 수가 39개 부분의 모양은 정육면체 큰 삼각기둥, 작은 삼각기둥 5면체와 6면체가 있다 작은 예각과 직각 삼각면과 정사각형 정육면체로 된 부분이 21개	36개 직육면체, 기둥, 받침 6면체뿐 직각 직사각면과 정사각면 직육면체로 된 부분이 18개

4가베와 6가베의 비교

	4가베	6가베
유사점	나무 상자 안에 들어 있다 전체 모양이 정육면체	
차이점	6cm 정육면체 부분의 수가 8개	9cm 정육면체 36개 직육면체를 분해해서 기둥과 받침이 됨

2) 부분 비교

1. 직육면체와 기둥의 비교
2. 직육면체와 받침의 비교
3. 기둥과 받침의 비교
4. 기둥의 면 비교
5. 받침의 면 비교

3) 자르기

4) 건축놀이

5) 평면놀이

6) 무늬놀이

5. 교사와의 상호작용의 예

1) 면의 비교

교사 : 직육면체의 큰 면 위에는 작은 면이 몇 개 올라갈까요?
직육면체의 긴 면 위에는 작은 면이 몇 개 올라갈까요?

직육면체의 큰 면 위에는 작은 면이 몇 개 올라갈까요?
직육면체의 큰 면 위에는 기둥이 몇 개 올라갈까요?
받침 위에는 받침이 몇 개 올라갈까요?
직육면체 위에는 받침이 몇 개 올라갈까요?
직육면체 위에는 같은 직육면체 작은 면이 몇 개 올라갈까요?
직육면체 위에는 받침이 몇 개 올라갈까요?
기둥 위에는 직육면체가 몇 개 올라갈까요?
받침 위에는 직육면체가 몇 개 올라갈까요?
받침 위에는 기둥이 몇 개 올라갈까요?
직육면체 긴 면 위에 직육면체가 몇 개 올라갈까요?

2) 도미노 놀이 :

긴 면을 받침과 함께 줄지어 세운 후 유아와 함께 재미있는 도미노 게임놀이를 한다.

※ 5, 6가베 연합놀이

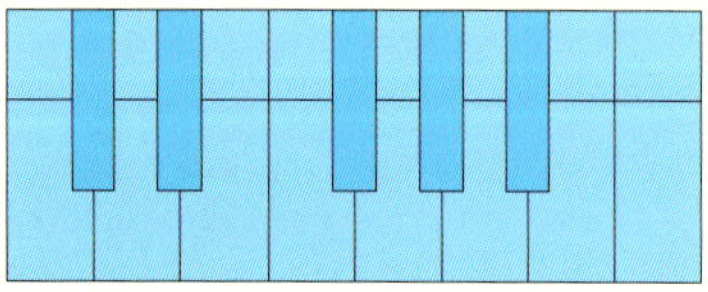

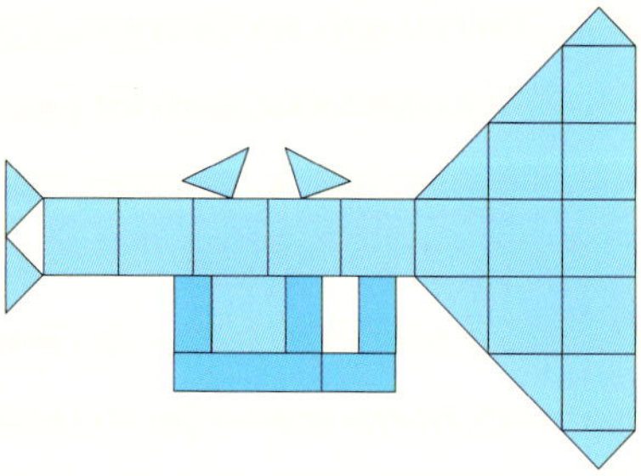

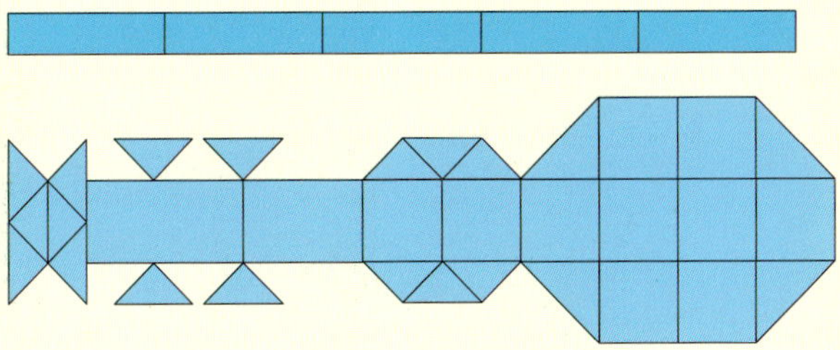

6. 6가베 실제 활동의 예

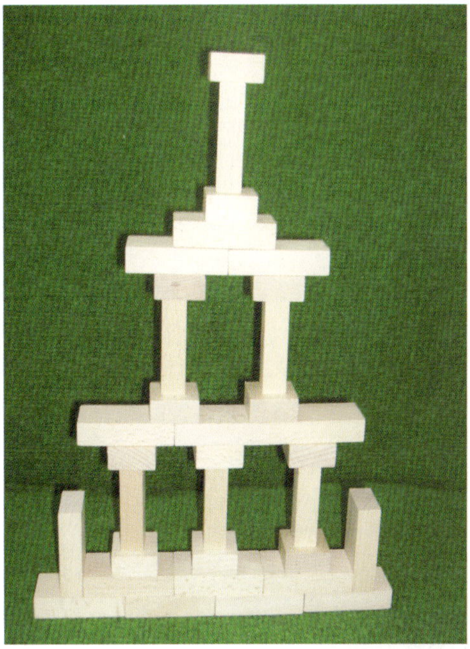

Ⅶ. 7가베(GABE)

1. 가베의 구성

8가지 색을 지닌 7종류의 도형

- 도형 : 정사각형, 직각이등변삼각형, 정삼각형, 직각부등변삼각형, 둔각이등변삼각형, 원, 반원
- 재질 : 플라스틱
- 색 : 빨간색, 노란색, 파란색, 주황색, 초록색, 보라색, 검정색, 흰색

2. 구성 원리

7가베는 원래의 형태에서 다른 모습으로 변화되어 가는 것을 가르쳐 주기 위한 것으로 지금까지의 모양을 더욱 구체화시켜 정사각형, 직각이등변삼각형, 둔각이등변삼각형, 직각부등변삼각형, 정삼각형, 마름모, 원, 반원으로 구성되어 있다. 1가베부터 6가베까지의 다양한 입체 도형들을 경험하고, 지금까지 경험한 입체의 면만을 따로 떼어 평면만으로 이루어진 7가베를 만들었다. 면의 모양과 크기는 유아들의 이해를 쉽게 하

기 위해 지금까지 사용해 온 정육면체의 면, 즉 한 변의 길이가 3cm인 정사각형과 이를 대각선으로 자른 직각 이등변 삼각형을 만들었다. 직각 이등변 삼각형은 5가베 삼각기둥에서 이미 경험한 바 있다. 이에 기초하여 여러 형태의 삼각형을 이해하는 데 기본이 되는 정삼각형, 다양한 각을 경험할 수 있는 직각부등변삼각형, 둔각이등변삼각형과 원, 반원으로 구성되었다.

지금까지는 면을 입체화한 성질로만 경험하다가 7가베에서는 독립된 면으로 다루게 된다. 7가베는 독립된 면을 다루는 것이므로 구체적인 입체의 면으로부터 추상적인 면으로 발전하는 것이다. 면이라는 개념은 추상적이기 때문에 이것을 실제로 경험하기 위해서는 종이, 판자, 타일 등으로 구체화해서 사용하게 된다. 7가베는 수의 제한이 없으나 유아의 수준에 따라 그 수를 늘려가는 것이 바람직하다. 또한 자유로이 사용해서 평면적으로 실물이나 아름다운 무늬를 만들며 놀 수 있다.

7가베는 앞으로 다루게 될 더욱 추상화된 놀이로 향하는 전 단계가 된다. 더불어 8가지 색도 경험하여 모양, 수의 배합에 따른 미적 감정을 양성하고 창조력을 키우는 데 도움이 될 것이다.

3. 교육 목적

1) 입체로부터 잘려진 여러 가지 면을 알게 한다.
2) 삼각형의 기초가 되는 네 종류의 삼각형과 정사각형, 원, 반원을 알게 한다.
3) 예각, 직각, 둔각을 알게 한다.
4) 평면에서의 각과 변의 관계를 알게 한다.
5) 여러 가지 실물을 평면적으로 표현해 본다.
6) 구체적인 것에서부터 추상적인 것으로 나아가는 단계를 이해한다.
7) 아름다운 모양과 무늬를 만들어 놀이하면서 미적 감각을 기른다.

4. 활동 소개

1) 정사각형

1 실물놀이

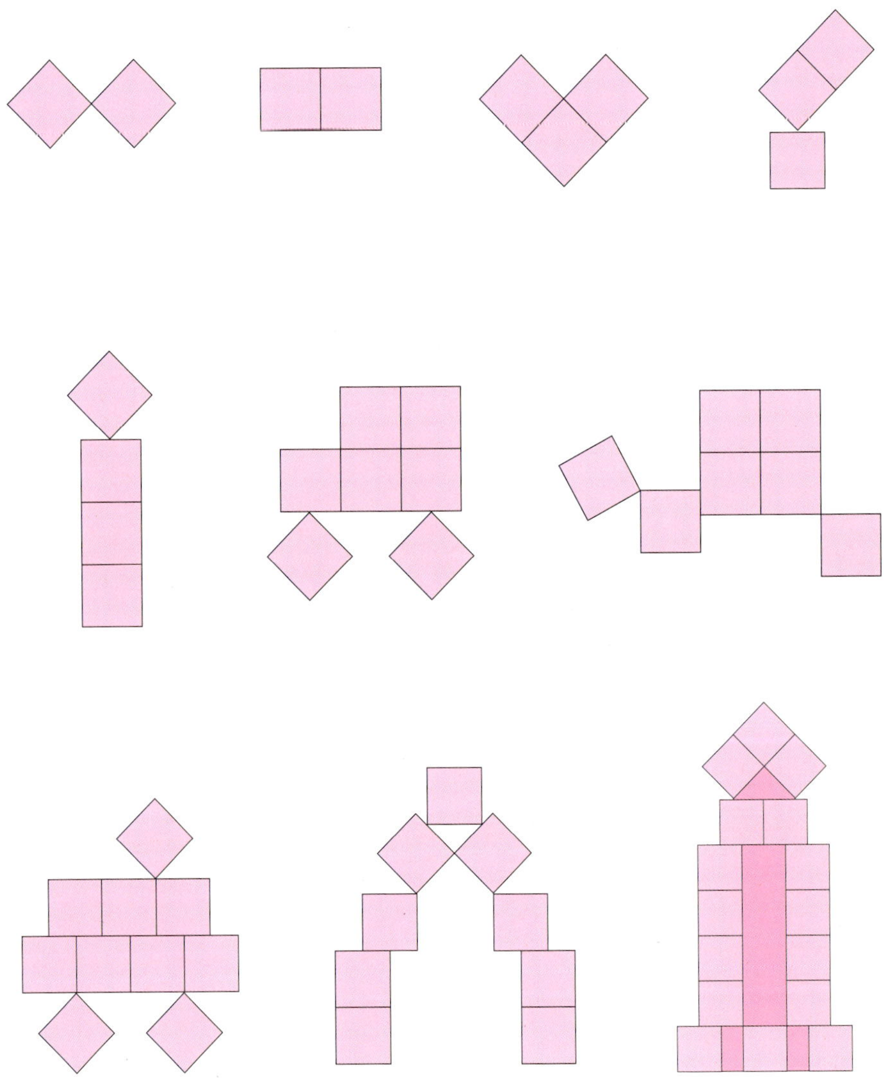

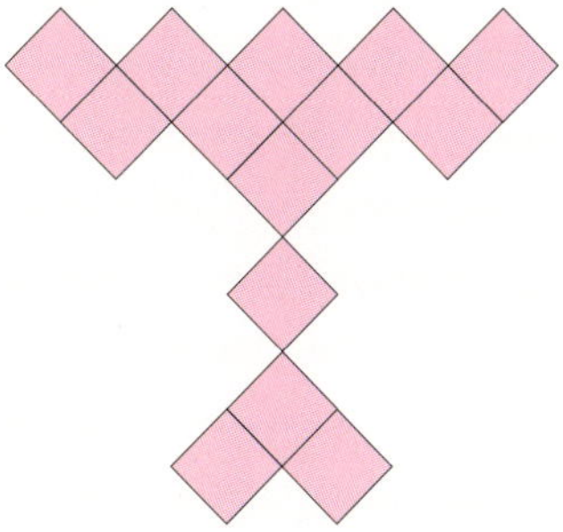

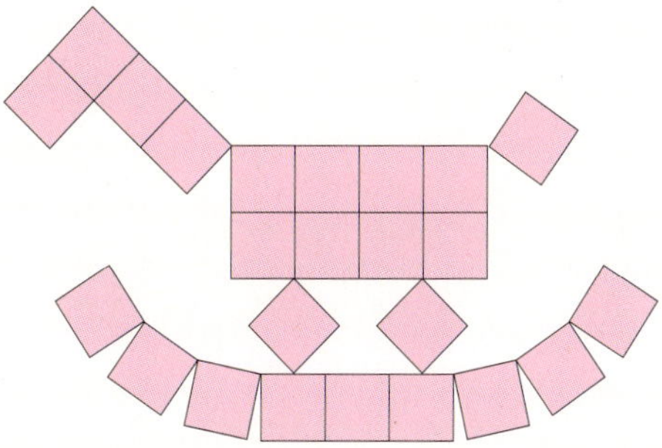

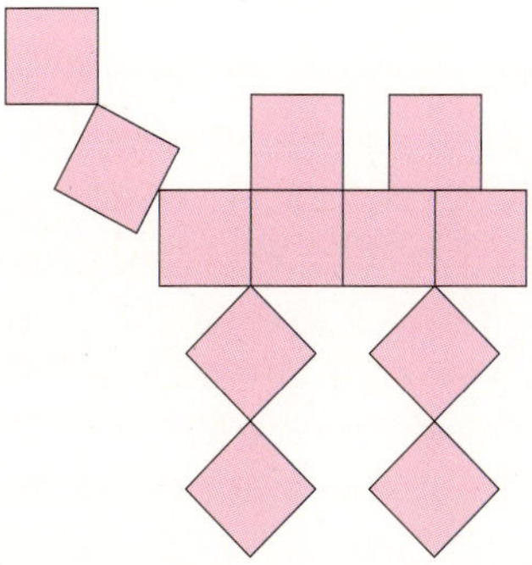

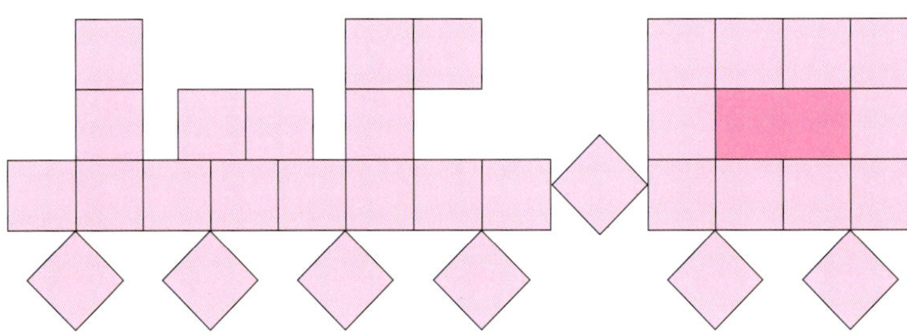

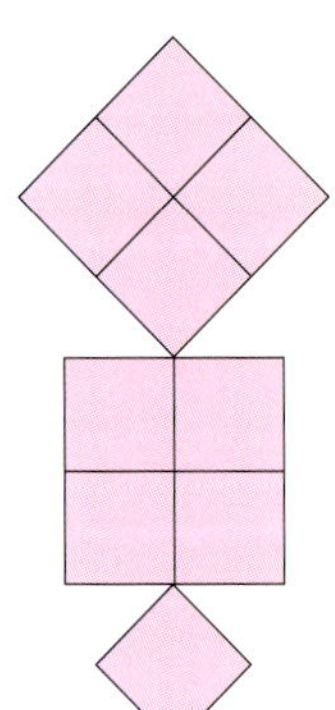

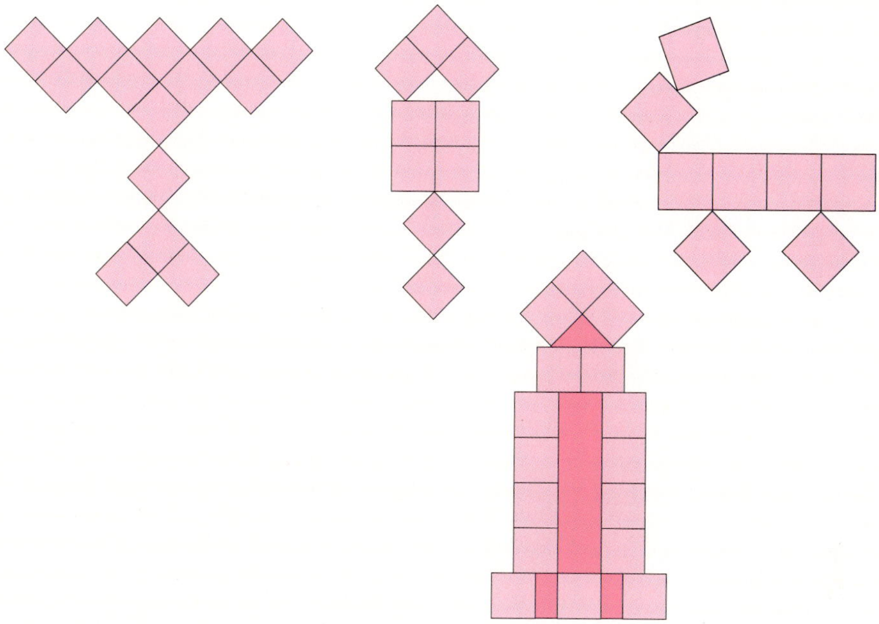

② 무늬놀이

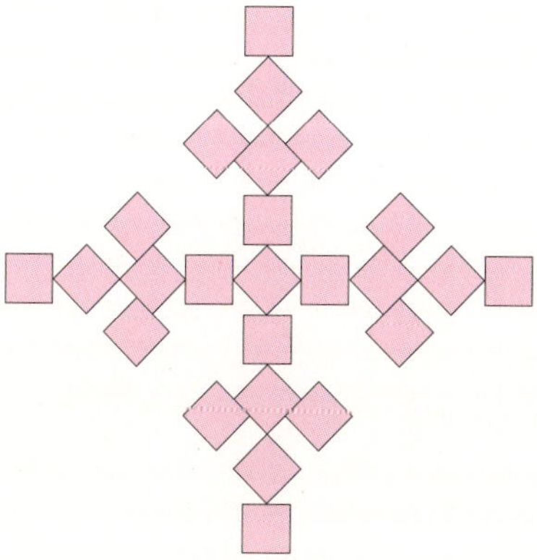

2) 직각이등변삼각형

1 실물놀이

2 무늬놀이

3) 직각부등변삼각형

1 실물놀이

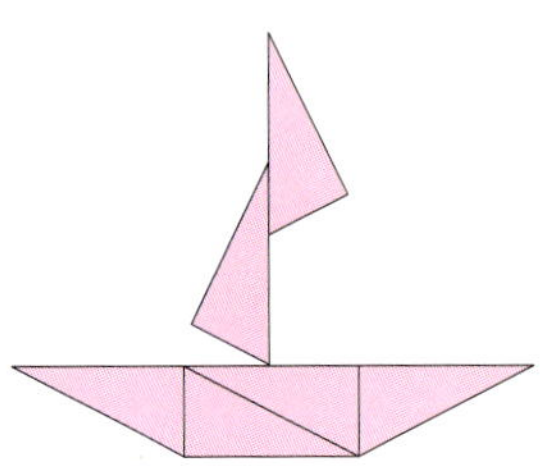

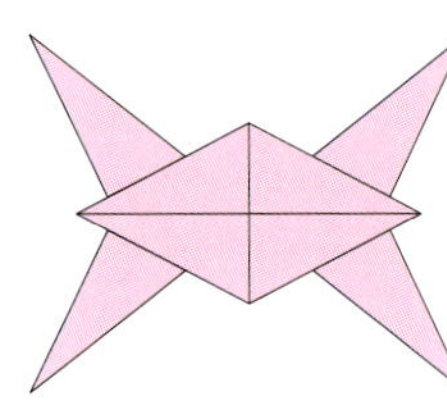

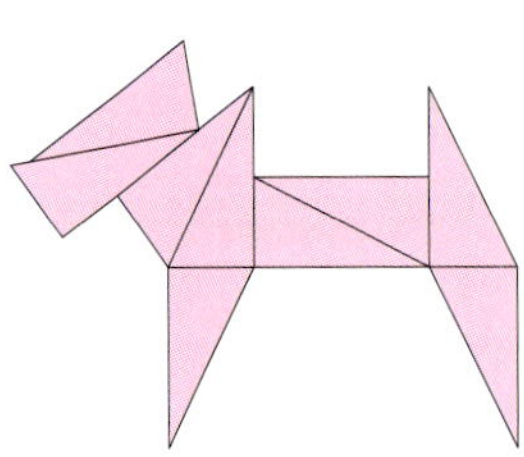

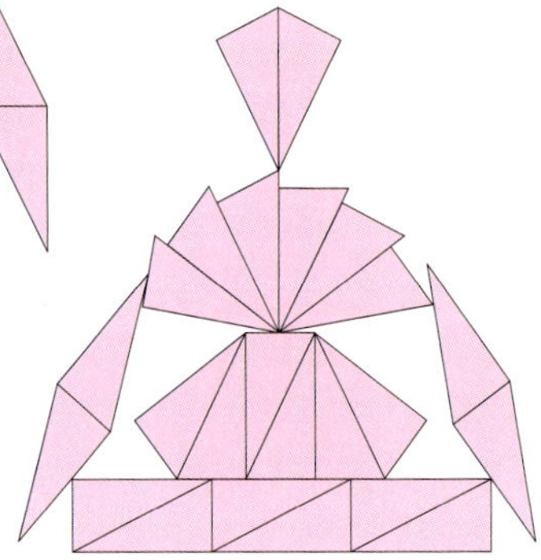

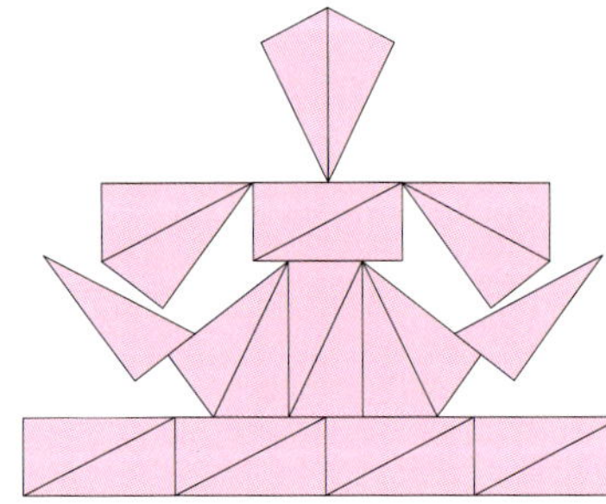

② 무늬놀이

4) 둔각삼각형

① 실물놀이

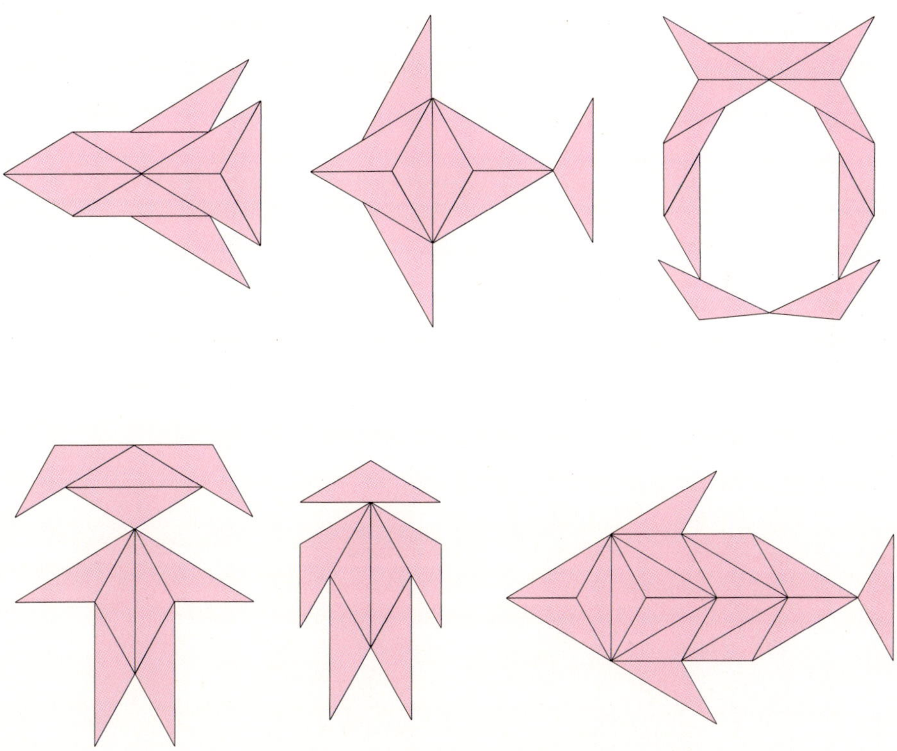

2 무늬놀이

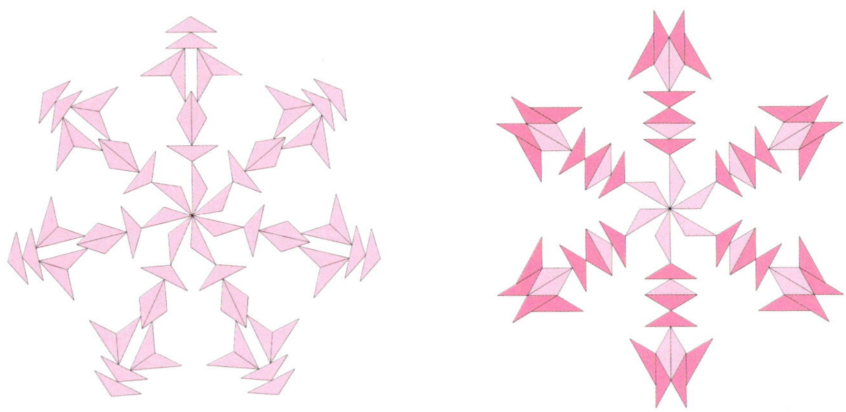

※정사각형과 둔각삼각형 연합 무늬놀이

5) 정삼각형

① 실물놀이

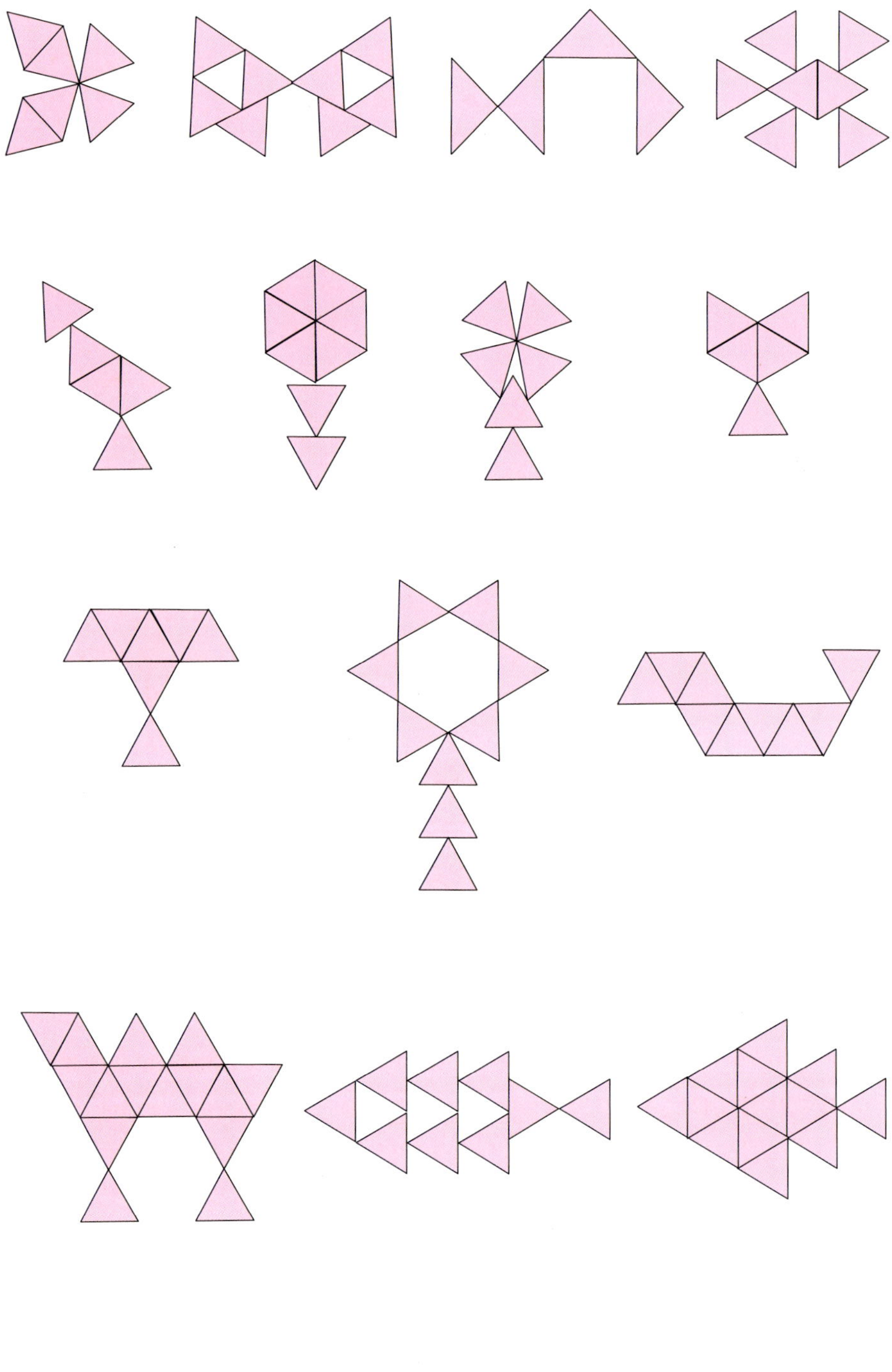

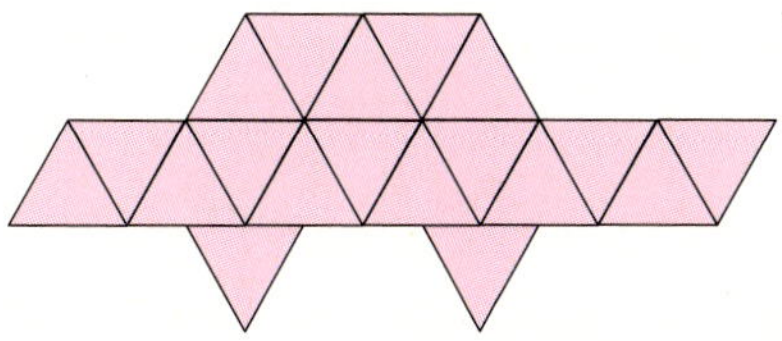
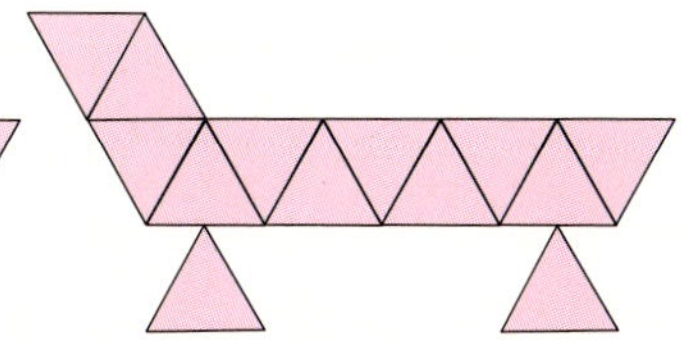
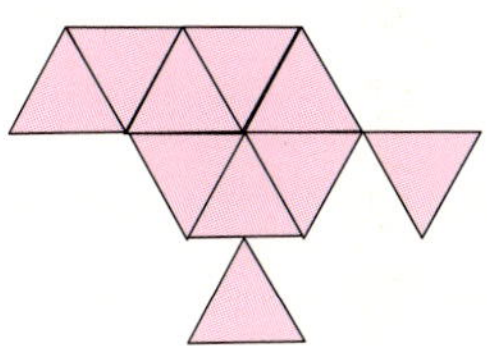
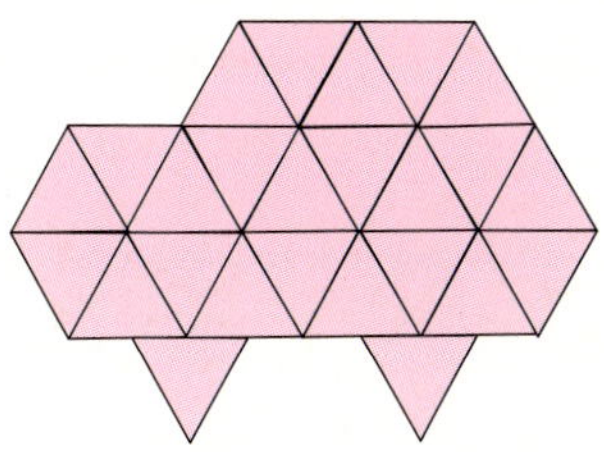
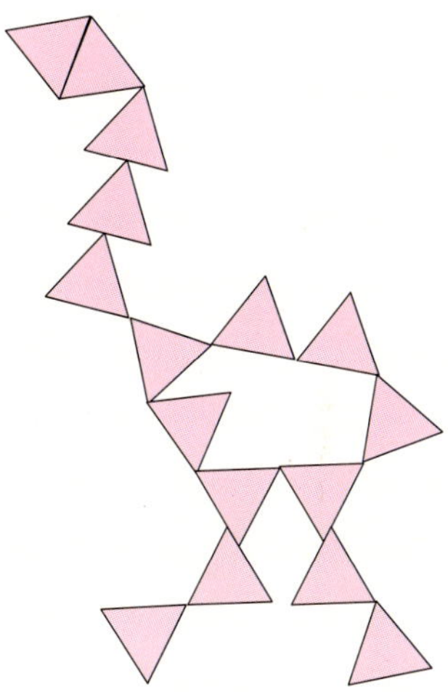
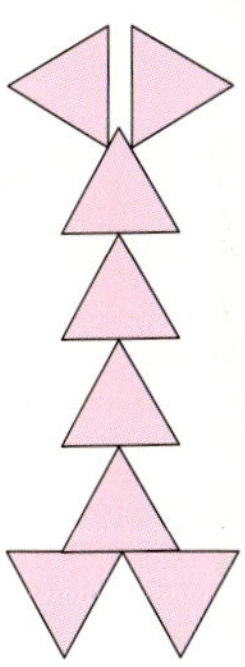
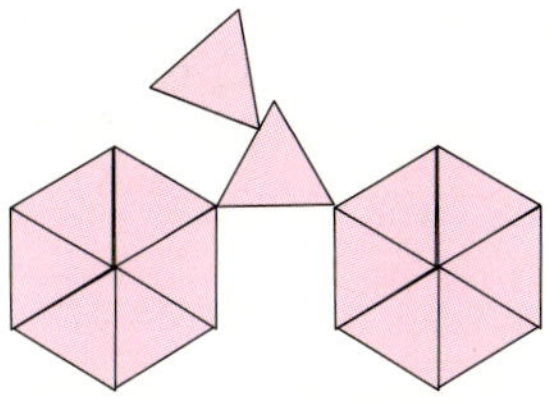
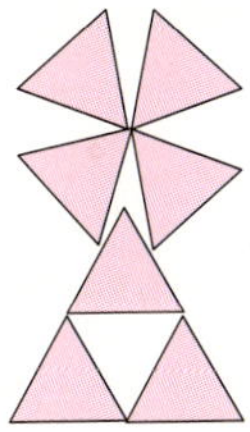
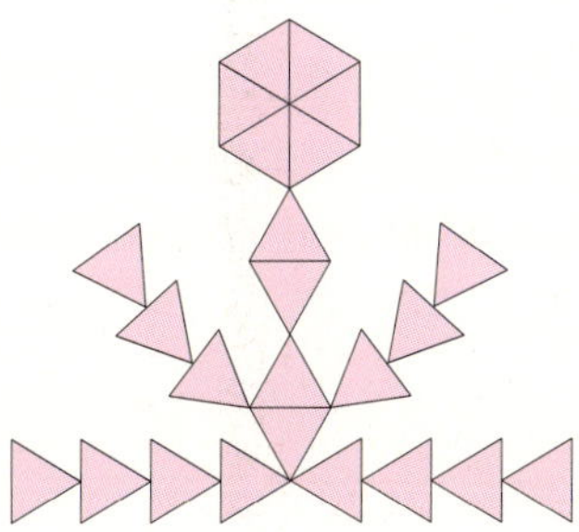
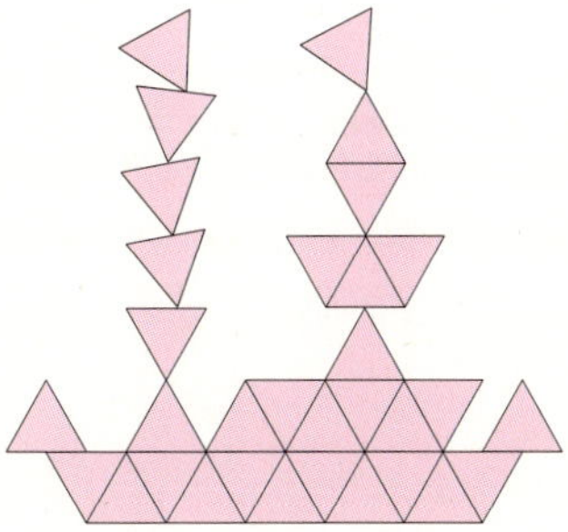

② 무늬놀이

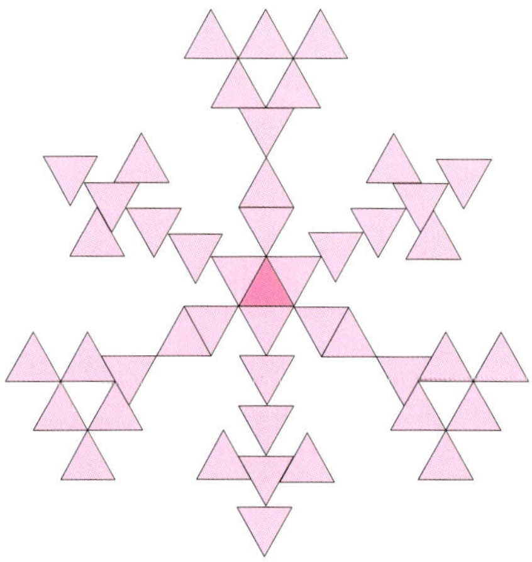

6) 원

① 실물놀이

② 무늬놀이

7) 반원

① 실물놀이

② 무늬놀이

5. 교사와의 상호작용의 예

1) 정사각형 : (3가베나 5가베에 있는 정육면체를 미리 준비)

① 정사각형

교사 : 어떤 친구들이 있는지 너무 궁금해요?

(정사각형을 보이며) 와! 이런 친구와 닮은 친구를 찾아보자!

(주변에 있는 사물을 유아와 함께 찾아서 대어 본다.)

이 친구 이름이 뭘까요?

유아 : 네모 친구요!

교사 : 그래요. 이름을 자세히 알아보기로 해요.

꼭짓점으로부터 두 개의 선이 입을 쫘~악 벌린 것을 '각' 이라고 한단다.

그래서 꼭짓점이 없으면 각이 없어요.

꼭짓점이 4개이고 각이 4개니까 사각형이라 할까요?

그런데 이 도형은 서로 각의 크기와 길이가 같아 "정사각형" 이라고 한단다.

그럼 우리 정사각형이 정육면체가 될 수 있는지 한번 만들어 볼까요?

정육면체를 놓고 유아와 함께 정사각형을 쌓아 본다.

유아 : 와! 정사각형(네모 친구)을 쌓았더니 키가 같네요?

(올려도 보고 옆에 대어 본다.)

교사 : 네모 친구를 잘라서 펼쳐 볼까요? (1, 2, 3, 4, 5, 6, 7, 8, 9…)

와! 이렇게 많은 친구가 모여 정육면체가 되었구나!

우리 네모 친구를 한번 붙여 볼까요? (유아와 함께 붙인다.)

선생님이 마술을 한번 보여 줄게요. 자! 눈감아 보세요.

(수리수리 마수리 짜자잔! 하면서 펼친다.)

자! 한번 쌓아 볼 수 있겠니?

(면이 쌓여서 입체적인 도형이 되는 걸 알게 한다.)

교사 : 이번에는 정육면체 친구에게 너무 추우니까 옷을 한번 입혀 볼까요?

– 3가베에 있는 정육면체로 옷을 만들어 입힐 수 있다.

② 정육면체와 정사각형의 비교

*차이점 : 정육면체는 면이 6개지만, 정사각형은 면이 1개이다.

정육면체는 꼭짓점이 8개지만, 정사각형은 4개이다.

정육면체는 모서리가 12개지만, 정사각형은 4개이다.

*같은 점 : 면의 크기가 같다.

③ 모양 만들기(점차 수를 늘려 가면서 만들어 나간다.)

교사 : 1개 – 뭐 같아요? (TV, 창문…)

2개 – 2개로 뭘 만들 수 있을까요? (모서리끼리 붙여 볼까요?)

– 꼭짓점끼리 붙여 볼까요? (수에 대한 이해)

– 정사각형의 모서리와 꼭짓점을 만나게 해보자.(촛불)

3개로 뭘 만들 수 있을까요? (자동차, 계단, 직사각형…)

4개로 뭘 만들 수 있을까요? (트럭, 기차…)

5개로 뭘 만들 수 있을까요?

6개로 뭘 만들 수 있을까요? (꽃…)

2) 직각이등변삼각형

(같은 색깔의 이등변삼각형을 미리 준비해 놓는다.

2개를 붙여서 보여 주면서 짜자잔! 하면서 정사각형이 됨을 보여 준다.)

교사 : (직각이등변삼각형을 보여 주면서 사물에다 대고 직각을 유아와 함께 찾아 본다.) 이만큼 입이 벌어진 각을 직각이라고 한단다.

우리 주위에서 직각을 찾아볼까요?

두 변은 길이가 같은데 한 변은 다르구나!

그래서 이 친구는 직각이등변삼각형이라고 부르자.

3) 정삼각형(세모기둥을 분해해서 만들었어요.)

교사 : 변의 길이가 같고 세 각의 크기가 같은 이 도형을 정삼각형이라 하자!

교사 : 정삼각형은 각이 입을 어떻게 벌렸나요?

작아요, 예쁘게 벌렸어요.

교사 : 맞아요! 직각보다 작고 예쁘게 벌린 각의 이름을 예각이라고 해요.

정삼각형은 예각을 가지고 있어요.

4) 둔각삼각형(둔각삼각형, 정삼각형 준비)

교사 : 오늘은 이 도형에 대해 공부하려고 해요.

어? 이 도형 보니까 어때요? (직각삼각형과 비교)

이 도형은 우와~! 입을 너무 크게 벌렸네? 각이 직각보다 크네요.

입을 너무 크게 벌려서 말이 조금 둔하대요.

그래서 이 도형 이름을 둔각삼각형이라고 해요.

① 정삼각형과 둔각삼각형의 비교

(사각형 위에다 정삼각형을 올려놓고 비교한다)

교사 : 직각보다 입을 작게 벌리면 "예각" 이라고 한단다.

직각보다 입을 크게 벌리면 "둔각" 이라고 한단다.

스케치북에 직각을 그려 본다(명칭 써넣기 놀이).

프린트 물을 이용 : 직각, 예각, 둔각을 찾아본다.

5) 직각부등변삼각형

(2개의 직각부등변삼각형을 들고 유아가 대어 보게 한다.)

유아 : 세 변의 길이가 어느 것도 같지 않아요.

교사 : 세 변의 길이가 같지 않구나!

직각이 있으니 "직각부등변삼각형" 이라 하자.

① 비교하기 : 여러 도형과 비교해 본다.

교사 : 직각부등변삼각형이 2개가 만나면 직사각형이 된다.

직각부등변삼각형은 직사각형을 대각선으로 자른 거란다.

직각부등변삼각형의 높이는 둔각이등변삼각형의 밑변과 길이가 같다.

둔각삼각형에 정삼각형을 포개었더니 직각부등변삼각형이 나온다.

6) 원

(원을 보여 주며)

교사 : 이 친구는 뭐 같아요? 동전 같아요. 맞았어요. 또 뭐 같아요? 해님 같아요.

이 도형은 꼭짓점이 있을까요? 없어요. 맞아요.

보서리도 없고 각도 없어요. 이 도형의 이름은 "원" 이랍니다.

① 비교하기 (2가베의 구와 비교해 본다.)

*다른 점

교사 : 구는 둥글고 원은 납작해요. 구는 구르지만 원은 구르지 않아요.

② 모양놀이 : 원을 이용하여 여러 가지 모양놀이를 해본다.

교사 : 2개 – 뭐 같아요? 눈사람이요. 사람….

3개 – 뭐 같아요? 삼각형과 닮았어요.

4개 – 뭐 같아요? 사각형과 닮았어요.

5개 – 뭐 같아요? 꽃이 되었네?

7) 반원

1 반원

교사 : (원을 내어 놓고) 이 도형을 쓱싹쓱싹! 잘라 볼까요?
원을 자르니 이런 모양이 나왔어요. 이름을 "반원" 이라 하자.
(반원을 쥐고) 이? 입을 벌리다가 음! 다물고 말았네요.
각이 생기다가 말았네? 그래서 반원은 각이 없구나?

2 모양놀이(유아와 함께 점차 늘여 가면서 만들어 본다.)

★ 7가베 부교재 만들기

1. 물감 뿌리기 이용

〈재료 : 흰색 켄트지, 색종이, 딱풀, 물감 , 분무기〉

도화지 위에 7가베의 다양한 도형들을 여러 가지 모양으로 완성한 후 물감을 분무기에 풀어서 뿌린다(색깔은 2가지 정도).

– 남색 or 파랑 / 연두 or 꽃분홍, 주황
– 칫솔에 물감을 묻혀 도끼빗을 이용해서 뿌려도 된다.
– 다 말린 후 도형들을 떼어 내면 하얀 무늬의 도형들이 나타난다.

6. 7가베 실제 활동의 예

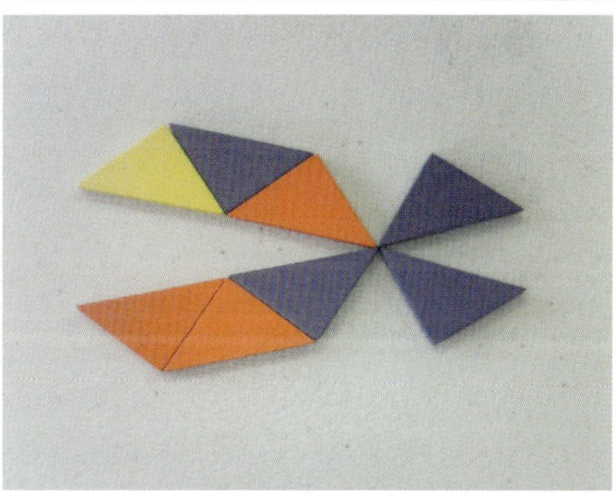

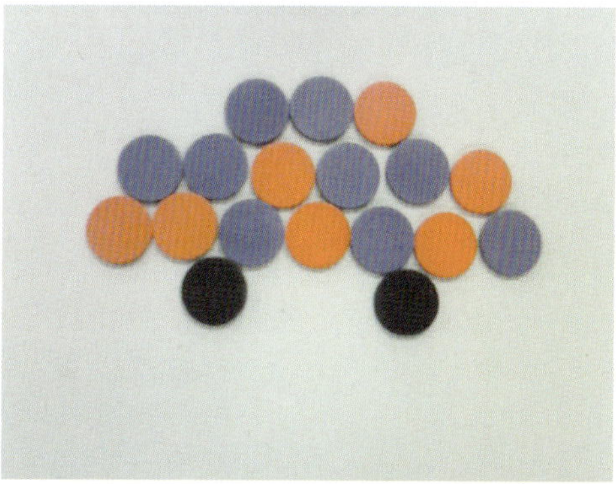

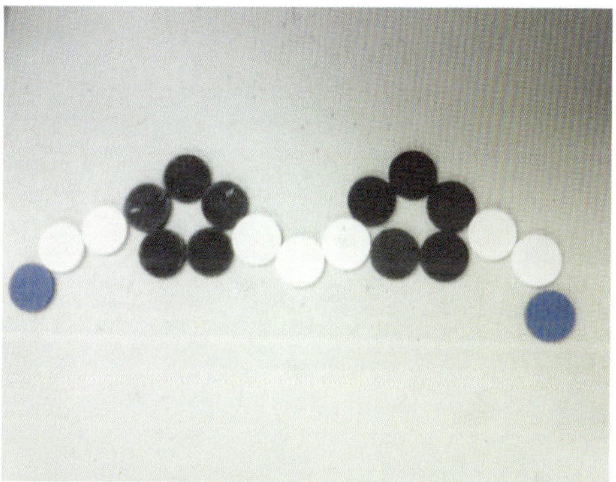

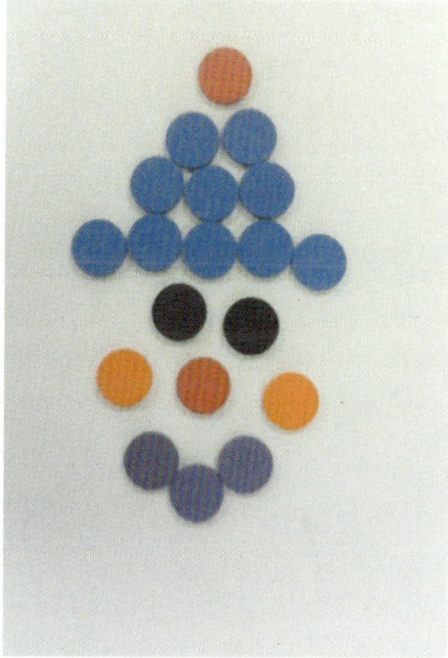

GABE
7

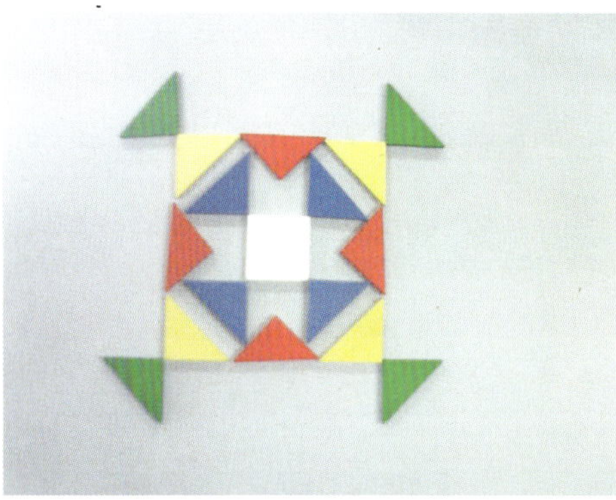

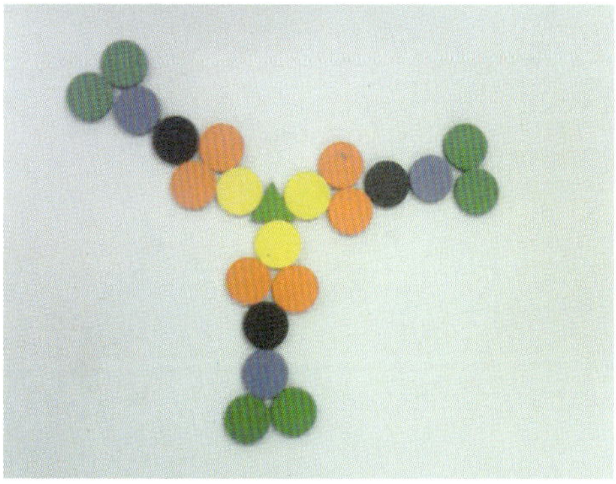

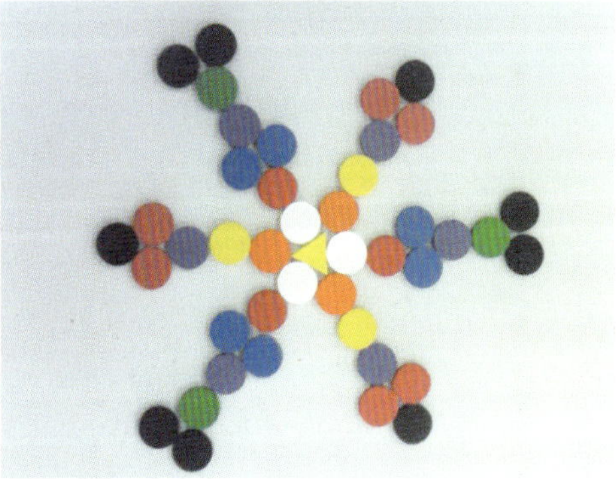

Ⅷ. 8가베(GABE)

1. 가베의 구성

5가지 길이의 막대

- 1번 막대(3cm)
- 2번 막대(6cm)
- 3번 막대(9cm)
- 4번 막대(12cm)
- 5번 막대(15cm)

2. 구성 원리

유아는 입체 도형의 모서리나 평면 도형의 변을 통해서 선을 이미 경험했기 때문에 8가베에서는 그것과는 다른 독립된 선을 보여 주려 한다. 면은 구체적으로 정지되어 있지만 선은 추상적인 것이기 때문에 실제로 경험시키기 위해서는 가느다란 막대가 가장 적합하다. 이러한 이유로 프뢰벨은 다섯 가지 길이의 막대로 선을 표현하였다. 선은 무한의 길이를 갖고 있다. 그러나 이것을 모두 표현하기는 어렵기 때문에 가베에서는 그 한도를 정하고 선분의 길이를 작은 정육면체의 한 변의 길이, 3cm를 기본으로 2배, 3배, 4배, 5배의 길이로 다양하게 되어 있다. 이 선들은 직선 2개가 만나 각이 생기고, 직선 3개 이상으로 둘러싸인 변이 생기게 된다. 또한 이들 막대를 일정한 배수의 규칙에 의해 제시하여 유아가 길이에 대해 쉽게 이해하고 정확한 수의 개념을 파악하도록 했다. 이렇게 길이가 다른 선을 유아가 서로 비교함으로써 길고 짧음, 멀고 가까움을 알게 하고 물체의 정확한 형체를 이해할 수 있게 되는 것이다. 이런 성질을 갖고 있는 막대를 수의 제한 없이 유아에게 내주어 직선으로 둘러싸인 실물의 윤곽을 그리게 하고 선에 의한 미술적인 도안무늬를 만들며, 선을 통한 미적인 아름다움을 기를 수 있게 된다.

3. 교육 목적

1) 서로 다른 길이의 직선을 구체화하여 경험시키게 한다.
2) 길이가 다른 다섯 종류(3cm, 6cm, 9cm, 12cm, 15cm)의 직선을 경험시켜 준다.
3) 긴 것과 짧은 것의 차이를 명확하게 알게 한다.
4) 선에 의해 각과 면이 생김을 알 수 있다.
5) 선을 이용해 물체를 그릴 수 있음을 알게 한다.
6) 수리적 능력을 키워 준다.
7) 물체의 윤곽을 명확히 인식시켜 준다.
8) 미적 정서를 함양한다.

4. 활동 소개

1) 실물놀이

2) 무늬놀이

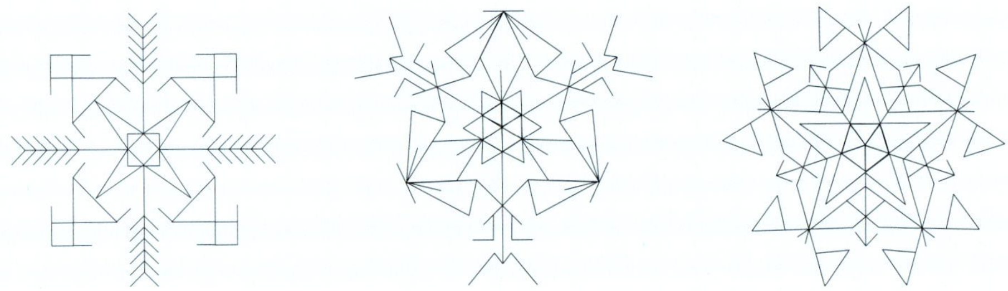

5. 교사와의 상호작용의 예

1) 2가베와 비교, 선 소개(7가베, 3~7가베와 비교할 수 있다.)

① 비교 ＊3가베의 정육면체와 선의 비교

＊4가베의 직육면체와 선의 비교

＊5가베의 정육면체, 삼각기둥과 선의 비교

＊6가베의 기둥은 기둥끼리 비교

＊7가베의 둔각삼각형과 길이비교, 정삼각형과 길이비교

② 선 소개 (면을 분해해서 만든 선이라는 것을 보여 준다.)

교사 : (8가베를 보이며) 이게 뭐 같아요?

이름을 뭐라고 하면 좋을까요? 네! 이 친구 이름은 "막대"라고 해요.

막대들을 꺼내서 7가베의 정사각형 옆에 같은 모양이 되도록 놓아 본다.

정사각형은 이런 막대친구가 모여서 된 것이구나….

자! 우리 한번 잘라 볼까요? 어? 선이 나왔네요(한 줄로 세워 본다).

면을 잘랐더니 선이 되었구나!

선들이 모여서 면이 되었구나!

(제일 작은 막대를 보여 주며)

제일 짧은 이 막대를 1번 막대라 부를까요?

1번 막대에다 1번 막대를 더하니까 2번 막대가 되었구나!

2번 막대에 1번 막대를 더하니까 3번 막대가 되었구나.

3번 막대에 1번 막대를 더하니까 4번 막대가 되었구나.

4번 막대에 1번 막대를 더하니까 5번 막대가 되었구나.

③ 없어진 막대 찾기(기억력 기르기)

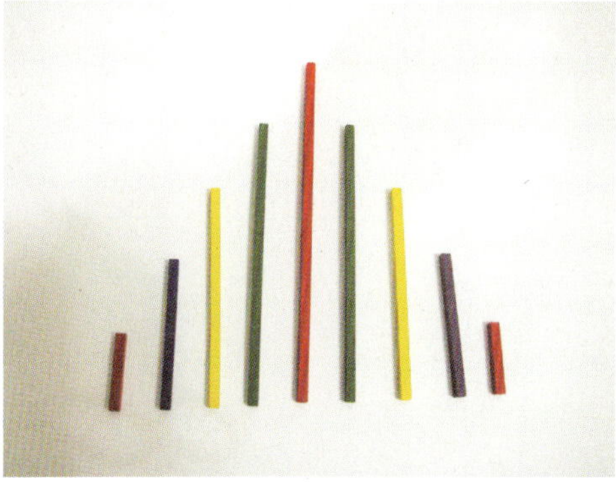

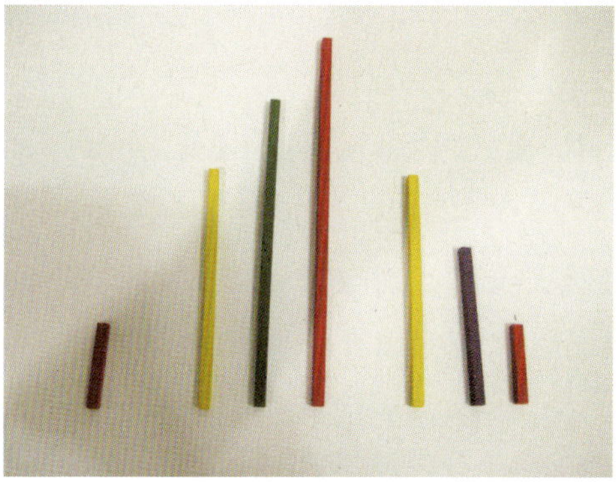

교사 : 자! 빠진 막대를 찾아볼 수 있을까요?

④ 막대 변형놀이

교사 : 선생님이 여기 펼쳐진 친구들을 손대지 않고 마술을 부려서 뒤집어 볼 거예요. 뭐 같아요?

유아 : 분수, 불, 산, 로켓

교사 : (막대를 가지고 반대쪽으로 민다)

수리수리 마수리 짜자잔!

2) 한 종류 막대놀이(한 종류로만 모양 만들기)

*1막대 : 1막대끼리 연결, 모양을 만들어 본다.

*2막대 : 2막대끼리 연결, 모양을 만들어 본다.

*3막대 : 3막대끼리 연결, 모양을 만들어 본다.

*4막대 : 4막대끼리 연결, 모양을 만들어 본다.

*5막대 : 5막대끼리 연결, 모양을 만들어 본다.

3) 길이 비교(5막대에다 1씩 더해 나간다.)

교사 : 5막대에다 1막대를 더하니 6이 되었네?

5막대에다 2막대를 더하니 7이 되었네?

5막대에다 3막대를 더하니 8이 되었네?
5막대에다 4막대를 더하니 9가 되었네?
5막대에다 5막대를 더하니 10이 되었네?

4) 각 소개 (막대를 놓고 도형을 만들어 각을 소개할 수 있다.)

교사 : 막대 2개를 이렇게 붙이니까 각이 생기네?
각이 1개 생겼네?
막대 3개를 붙이니까 각이 2개 생겼구나.
막대 4개를 붙이니까 각이 4개 생겼구나.
이렇게 하니까 직각이 되었구나.
이렇게 입을 예쁘게 벌리니까 예각이 되었구나.
이렇게 입을 크게 벌리니까 둔각이 되었구나.
삼각형을 만들어 보자(정삼각형).
길이가 같으니까 정삼각형이 되었구나.
직각이등변삼각형을 만들어 보자!
3개의 변이 모두 같지 않은 직각부등변삼각형을 만들어 보자.
6각형을 만들어 보자!
8각형을 만들어 보자! 어? 팔각형도 각이 있네요?
아하! 직선으로는 곡선을 만들 수 없네요?

5) 묶음에 대한 이해

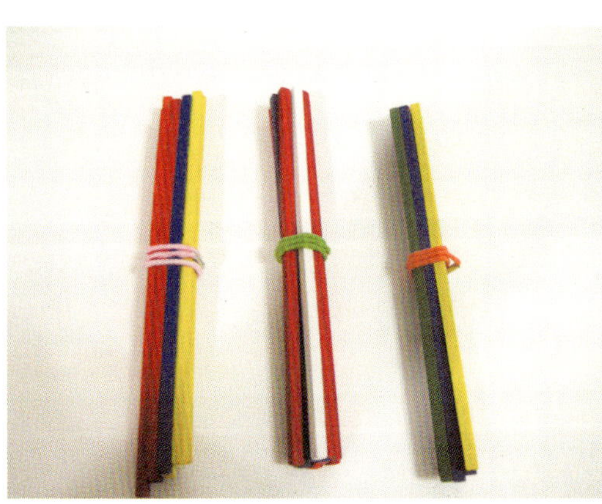

5번 막대 2개를 가지고 유아와 함께 노래를 부른다. (수를 늘려 가면서)

교사 : ♪ 막대로 쳐서 소리 내세요. 막대로 쳐서 소리 내세요.
탁탁탁! 탁탁탁! 막대로 쳐서 소리 내세요.
막대로 쳐서 소리 내세요. 막대로 쳐서 소리 내세요.
탁탁탁! 탁탁탁! 막대로 쳐서 소리 내세요.

(예) 10개씩 묶음(5번 막대를 고무줄로 10개씩 묶는다.)

교사 : 10개씩 묶음을 만들어 볼까요? 어? 10의 한 묶음이네?
10개씩 2묶음을 만들어 볼까요? 아하! 10에서 10을 더하니까 20이 되는구나.
10개씩 3묶음을 만들어 볼까요? 10을 3번 더하니까 얼마가 될까요?
10개씩 10묶음까지 해본다.

6) 연산에 대한 이해 : 유아와 함께 막대를 내어 놓고 세어 보면서 더해 본다.

교사 : 2개의 막대에 1을 더하면 몇 개가 될까요?
5개의 막대에 2개를 더하면 얼마가 될까요?
8개의 막대에 3을 더하면 얼마일까요?

7) 산가지 놀이 (전통놀이) :

방바닥에 각종 막대를 펼친 다음 옆에 있는 다른 막대를 건드리지 않고 막대를 집어 가는 게임(게임이 끝나면 길게 연결해서 긴 편이 이기는 게임)

6. 8가베 실제 활동의 예

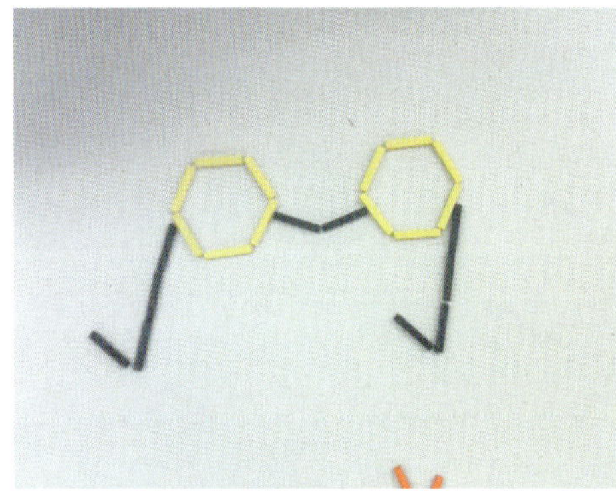

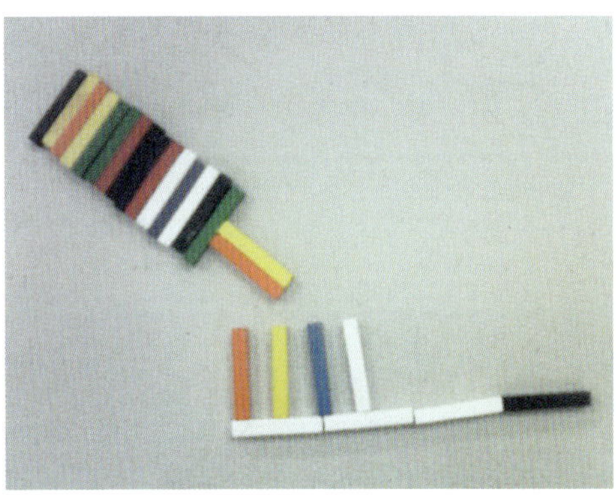

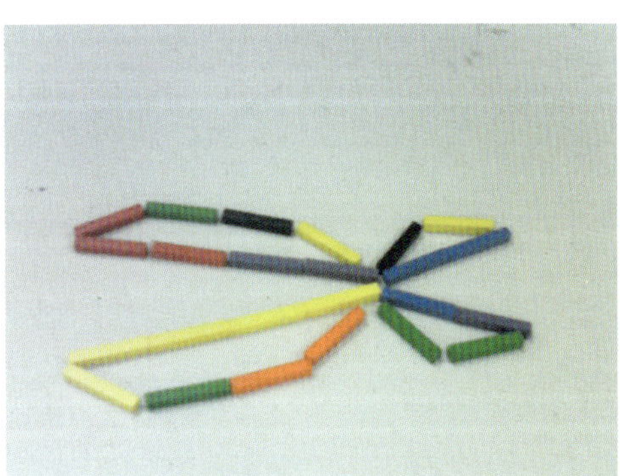

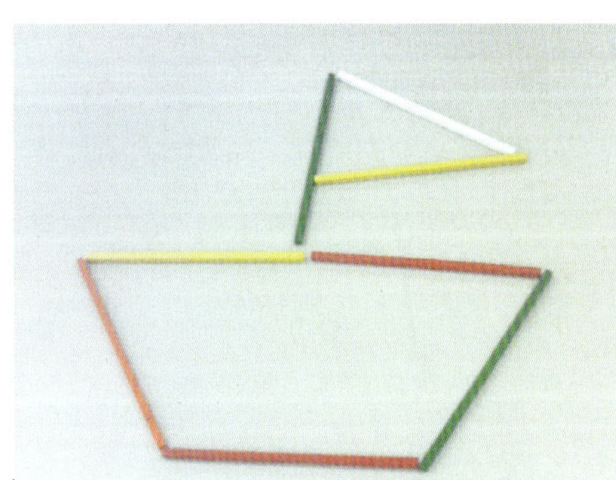

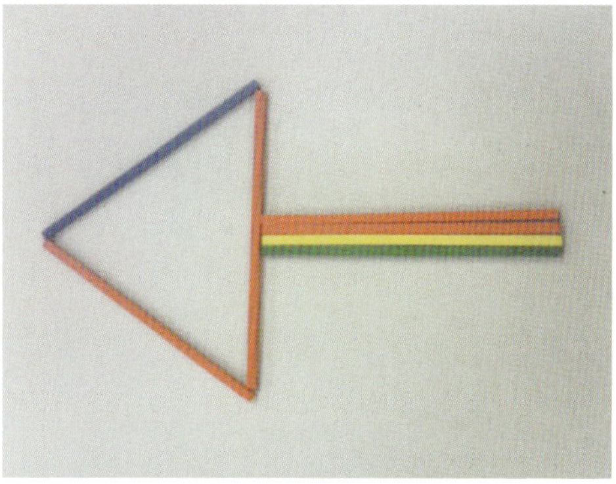
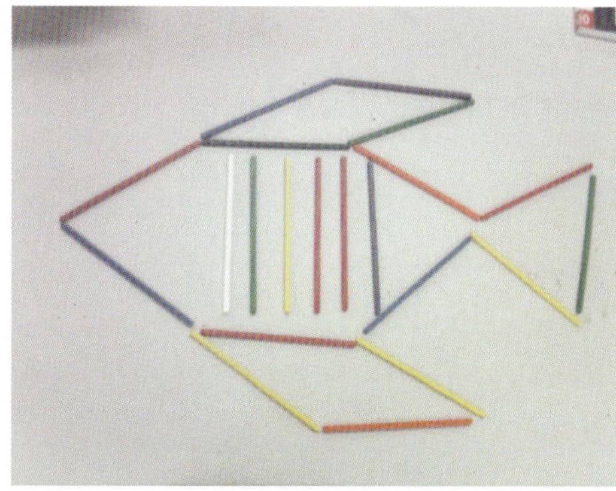
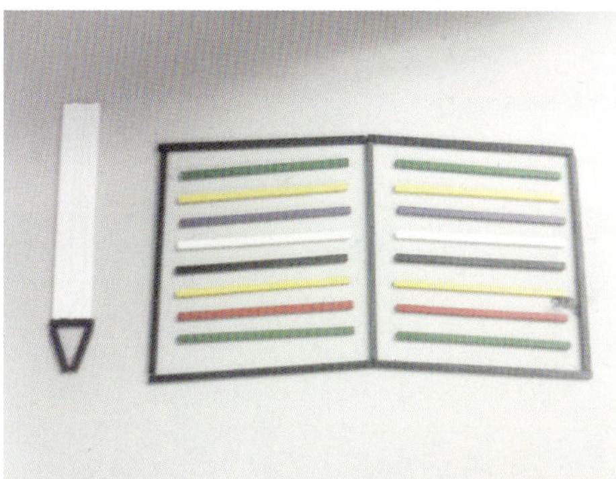

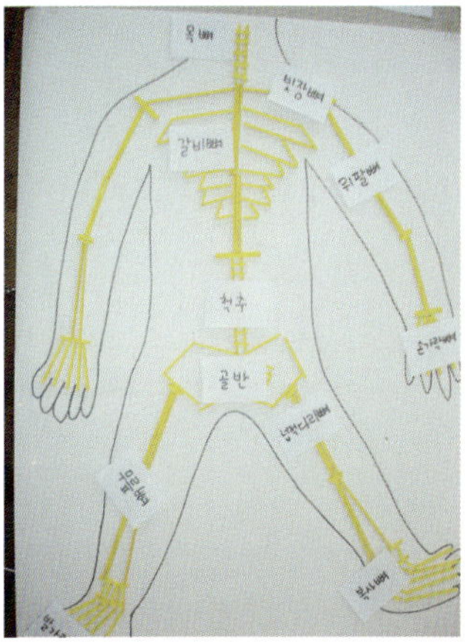
목뼈
빗장뼈
갈비뼈
위팔뼈
척추
골반
손가락뼈
복사뼈

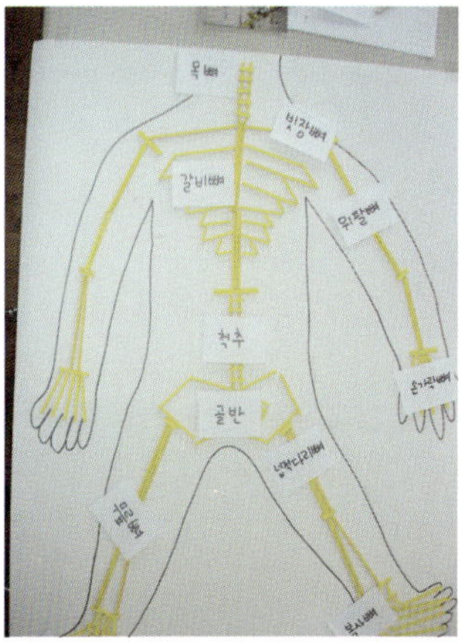
목뼈
빗장뼈
갈비뼈
위팔뼈
척추
골반
손가락뼈

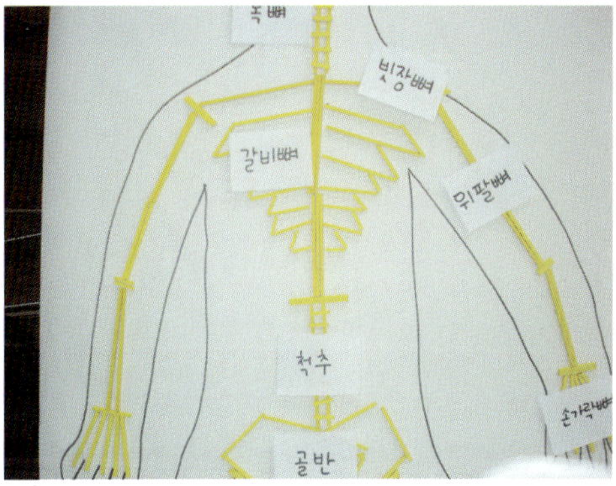
빗장뼈
갈비뼈
위팔뼈
척추
손가락뼈
골반

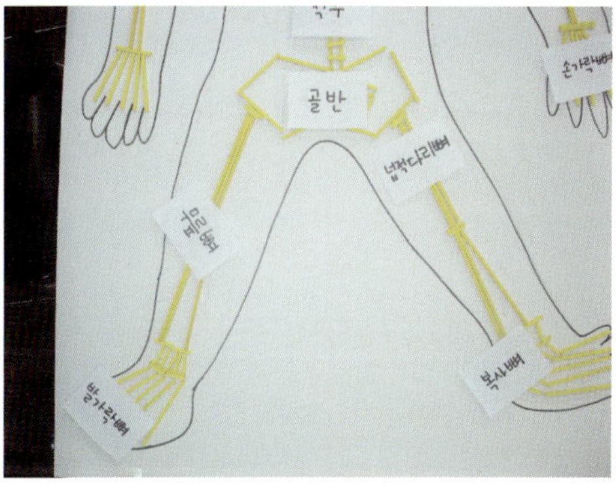
골반
손가락뼈
넙적다리뼈
복사뼈
발가락뼈

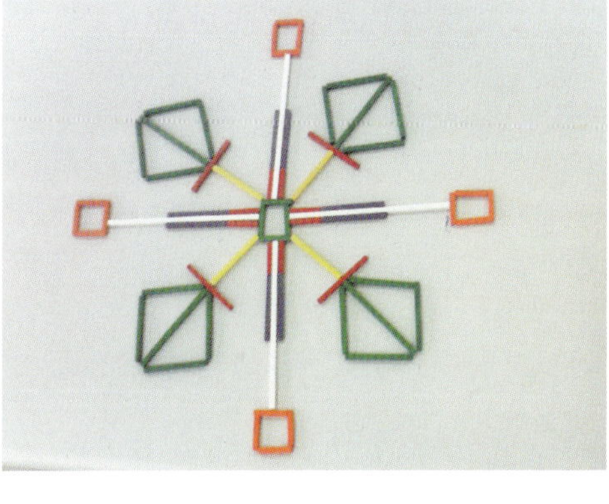

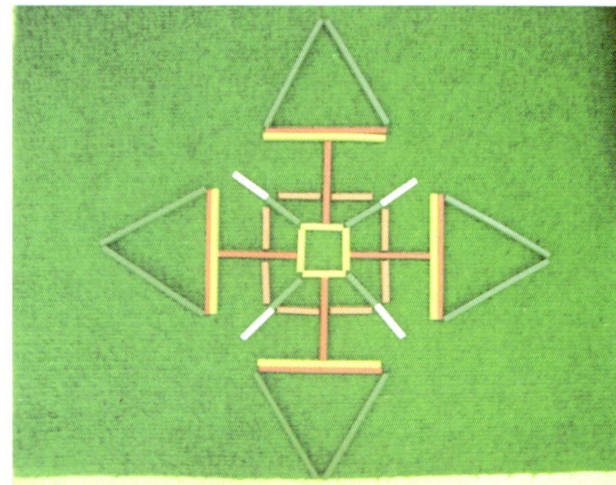
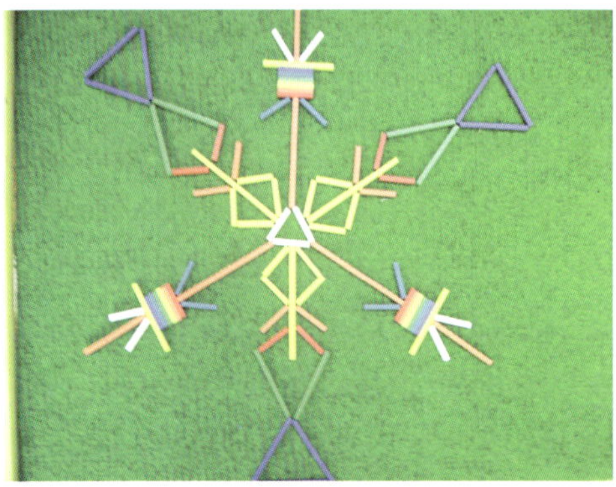
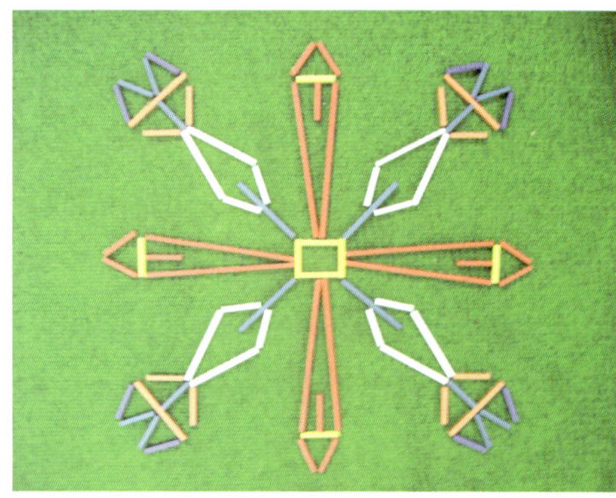
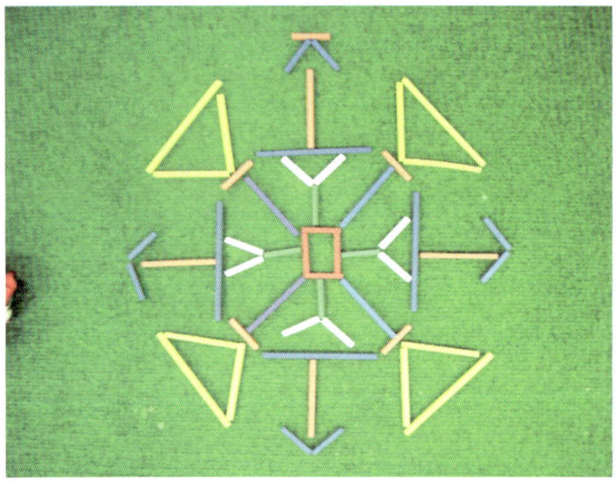
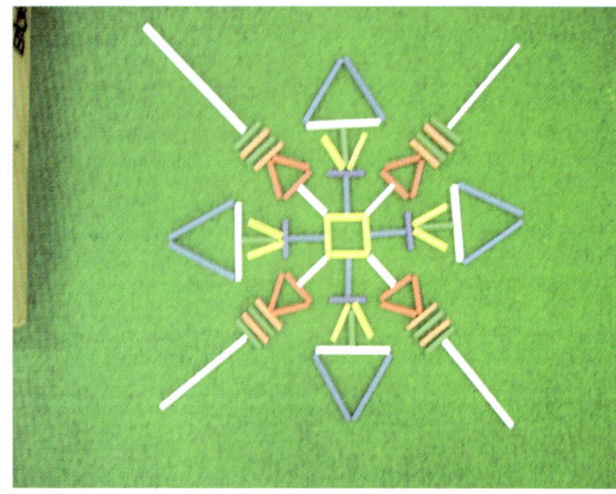

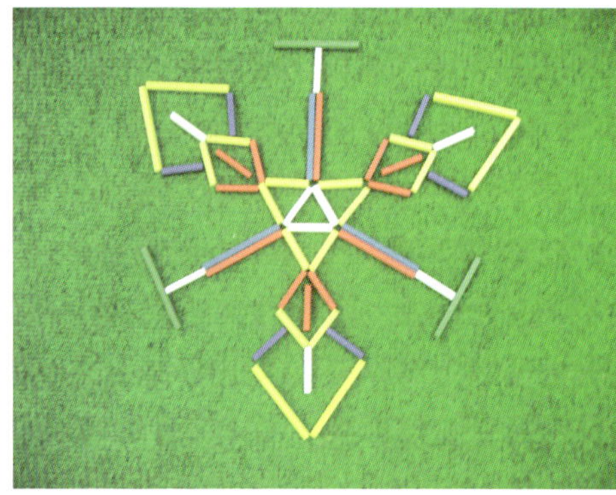

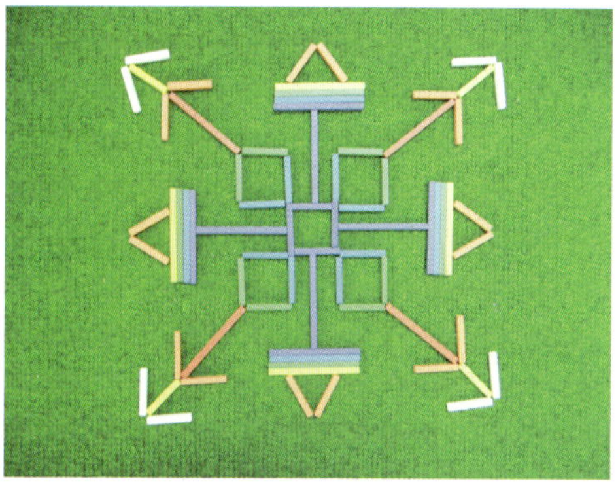
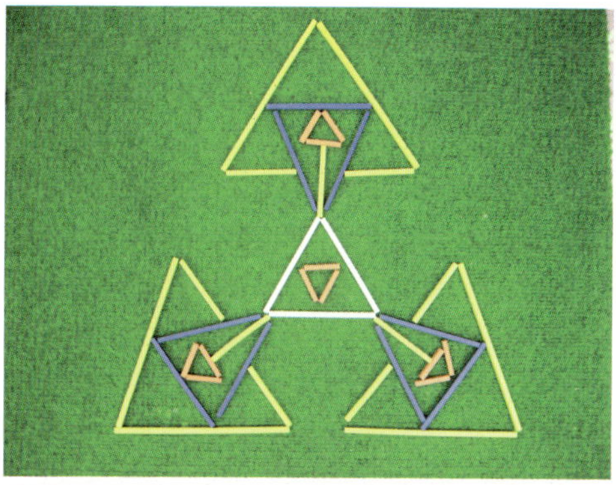
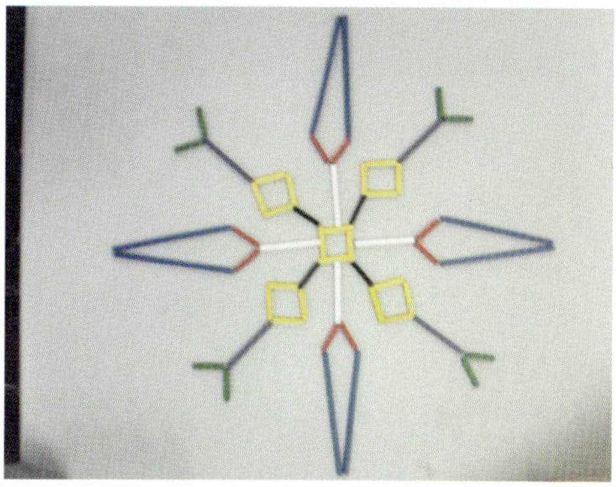
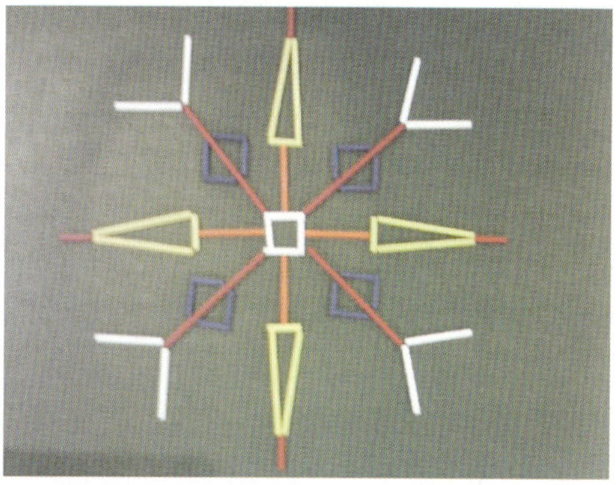
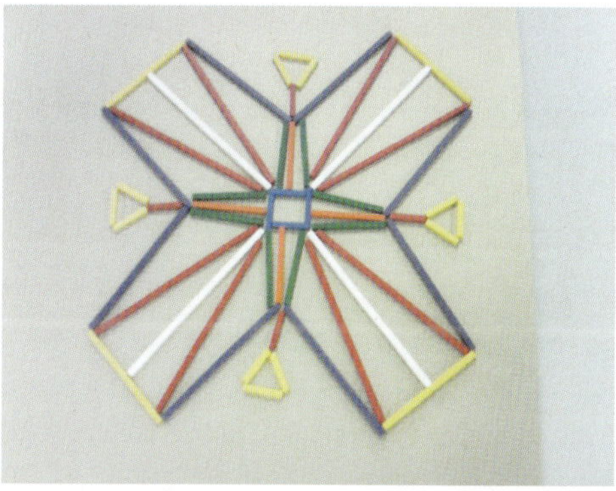
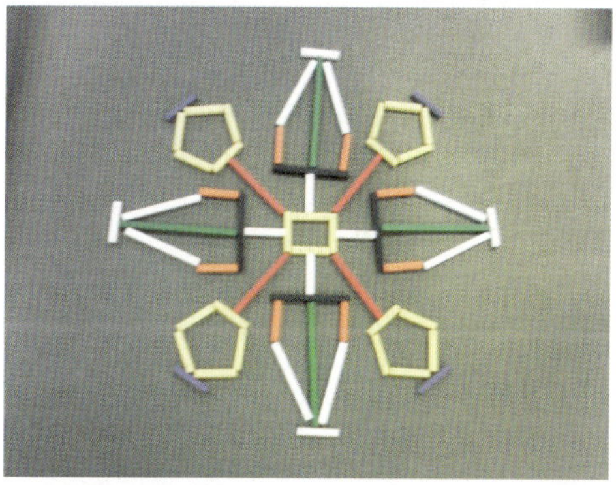

Ⅸ. 9가베(GABE)

1. 가베의 구성

- 금속으로 만든 3가지 크기(지름 6cm, 4.5cm, 3cm)의 고리
- 고리를 반으로 자른 3가지 크기의 반고리

2. 구성 원리

8가베에서 이미 직선을 경험한 유아들에게 물체의 윤곽에 보다 가까운 곡선을 경험시키기 위해 9가베를 마련하였다. 곡선은 전혀 새로운 것이 아니고, 1가베와 2가베에서 경험했으며, 9가베에서는 구체적인 고리로 만들었다. 그러나 완전한 고리로만 물체의 윤곽을 만들기 어려워 반으로 잘라 반고리를 만들었다.

프뢰벨은 항상 유아들의 과거 경험을 통해서 새로운 것을 소개해 나가는 교육적 원리에 따라 곡선이라고 해도 전혀 새로운 것이 아닌 1가베의 공, 2가베의 구와 원주의 곡선을 그대로 고리의 직경으로 하였다. 또한 일정한 순서에 따라 관련되는 선을 보여 주어 유아의 선에 대한 이해를 돕도록 하였고 완전한 고리만으로 물체의 윤곽을 만들기는 어려워 고리를 반으로 자른 반고리를 만들었다.

9가베를 통해 곡선 윤곽으로 되어있는 여러 가지 물건, 또는 곡선으로 구성된 아름다운 무늬를 만들게 할 수 있다. 곡선을 사용하면 동물, 나뭇잎, 얼굴 등 지금까지 불가능했던 것을 사실적으로 표현할 수 있고 또 모양놀이도 아름답고 추상적인 모양으로 만들 수 있으므로 9가베는 8가베보다 더 발전된 교구이다.

3. 교육 목적

1) 곡선을 경험한다.
2) 이해하기 쉬운 곡선을 기본으로 해서 여러 가지 곡선을 이해시킨다.
3) 직선과 곡선의 관계를 안다.
4) 원과 반원의 관계를 경험한다.
5) 과거에 경험한 구의 한 성질을 구체적으로 경험한다.
6) 곡선의 미를 알게 한다.

4. 활동 소개

1) 고리

① 실물놀이

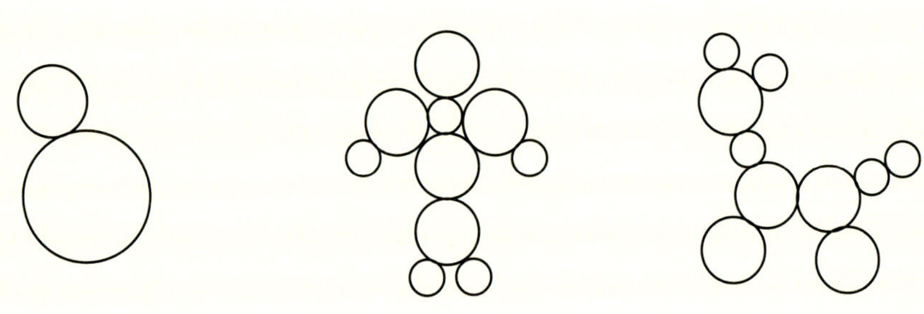

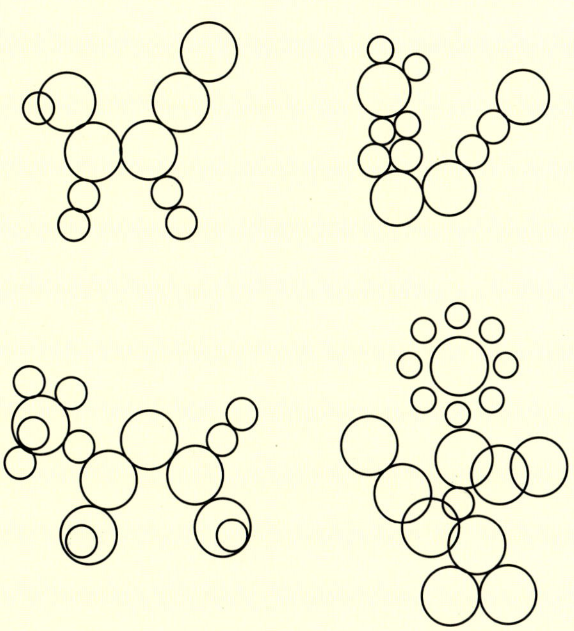

2 무늬놀이

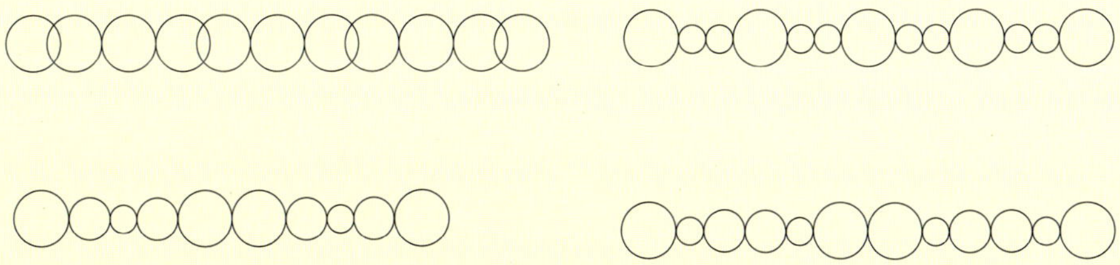

2) 반고리

1 실물놀이

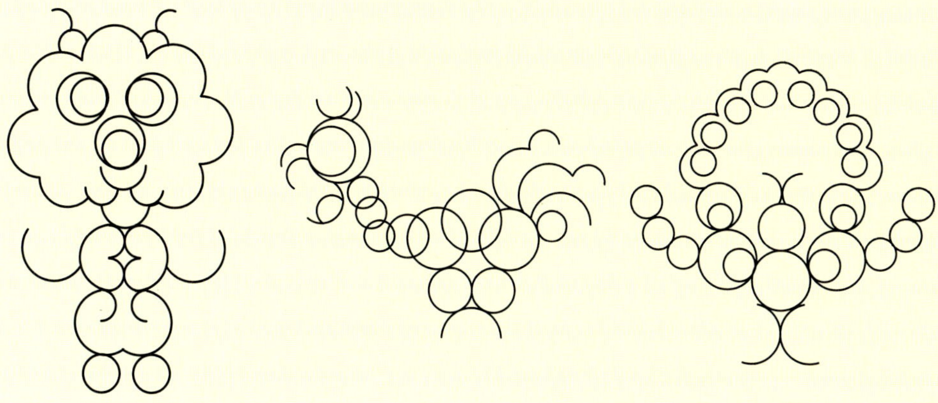

② 무늬놀이

3) 고리와 반고리 연합

① 실물놀이

② 무늬놀이

5. 교사와의 상호작용의 예

1) 고리 소개

교사 : (큰고리를 보이며) 우와! 이런 친구들이 있네요?

뭐 같아요? 안경, 귀걸이, 팔찌….

이 모양들에게도 이름이 있어요. 원이지만 신으로 되어 있기 때문에

고리라고 부르기로 해요.

제일 큰 고리는 '큰고리' 라고 하자!

이 고리는 중간 크기니까 '중간고리' 라고 하자!

이 고리는 제일 작으니까 '작은고리' 라고 하자!

1) 비교 (2가베, 7가베, 8가베와 비교)

* 2가베 구와 비교 : 구에다가 고리를 얹어 본다.
* 2가베의 원기둥과 비교 : 원기둥 위에 큰고리를 얹어 본다.
* 7가베의 원 위에 작은고리를 얹어 비교한다.
* 8가베의 2막대를 큰고리 위에 놓는다.(지름)
* 8가베의 1막대를 작은고리 위에 놓는다.

2) 반고리 소개

(큰고리를 준비해서)

교사 : 큰 고리 친구를 한번 잘라 볼까요? 쓱싹 쓱싹!
고리가 반으로 잘렸으니까 '반고리' 라고 할까요?
반고리를 보니까 뭐 같아요?

유아 : 눈썹 같아요. 무지개 같아요.

6. 9가베 실제 활동의 예

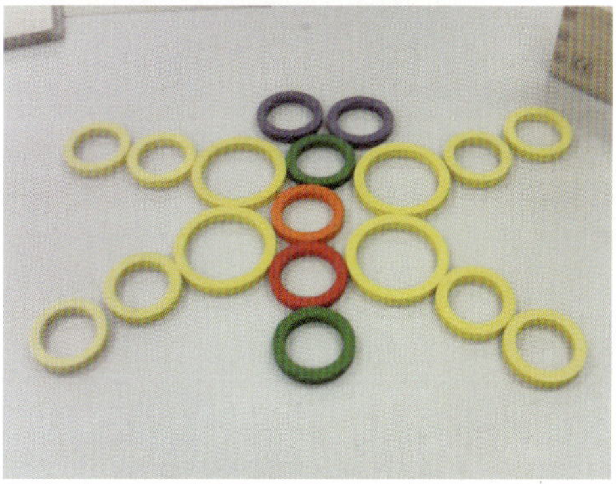

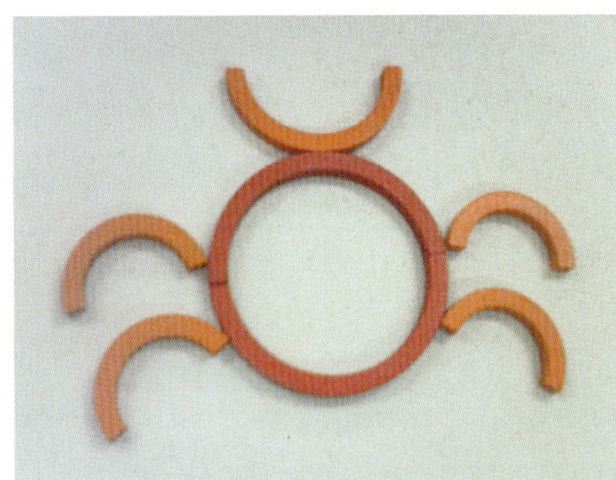

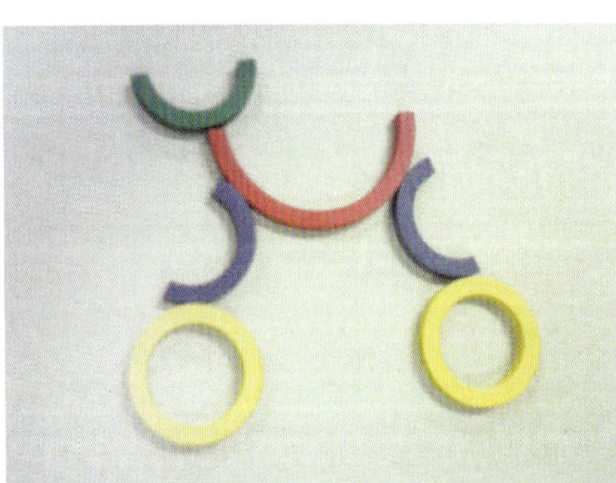

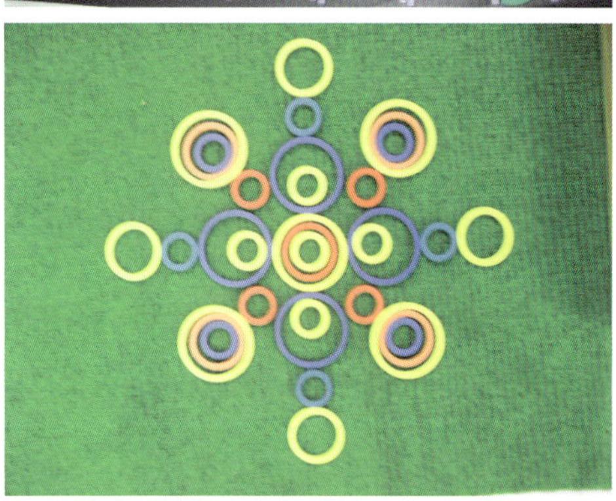

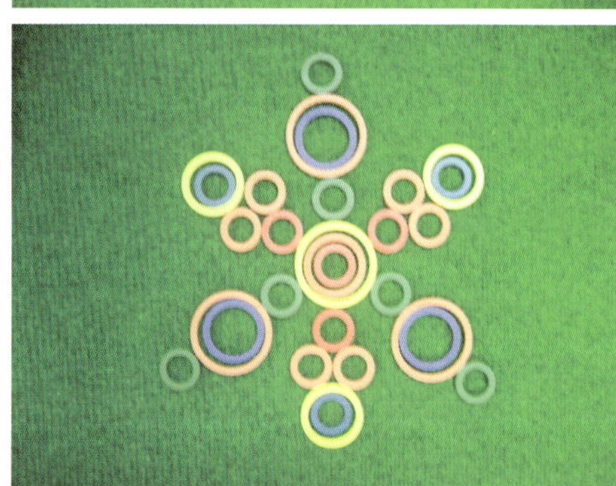

X. 10가베(GABE)

1. 가베의 구성

- 지름 10mm, 높이 5mm인 원기둥 모양의 나무 조각

2. 구성 원리

10가베는 물체의 최소 단위인 점으로 모든 형태의 기본이라고 할 수 있다.

점은 위치만 있을 뿐, 형체가 없어 다루기가 힘들기에 10가베에서는 추상적인 점을 입자로 구체화시켰으며, 계절과 장소에 따라 입자를 대용으로 사용하는데, 쌀, 팥, 옥수수, 콩, 조개껍데기, 모래, 조약돌 등 적당한 재료를 선택할 수 있다.

이와 같은 입자를 사용해서 선과 면을 만들고 나아가서는 물체의 윤곽이나 면을 여러 가지로 만들면서 놀이를 할 수 있다.

3. 교육 목적

1) 점을 알게 한다.
2) 모든 형태는 점으로부터 시작된다는 것을 이해시킨다.
3) 점의 연결에 의하여 직선과 곡선이 생기는 것을 안다.
4) 집중력과 독립심을 기른다.
5) 점, 선, 면, 입체의 밀접한 관계를 안다.
6) 점으로 여러 가지 선과 면을 만들 수 있다.
7) 섬세한 감성을 키우고, 소근육을 발달시킨다.
8) 손가락 근육을 발달시키며, 말초신경을 자극하여 지적 사고를 돕는다.

4. 활동 소개

1) 실물놀이
1 선으로 표현하기
2 면으로 표현하기

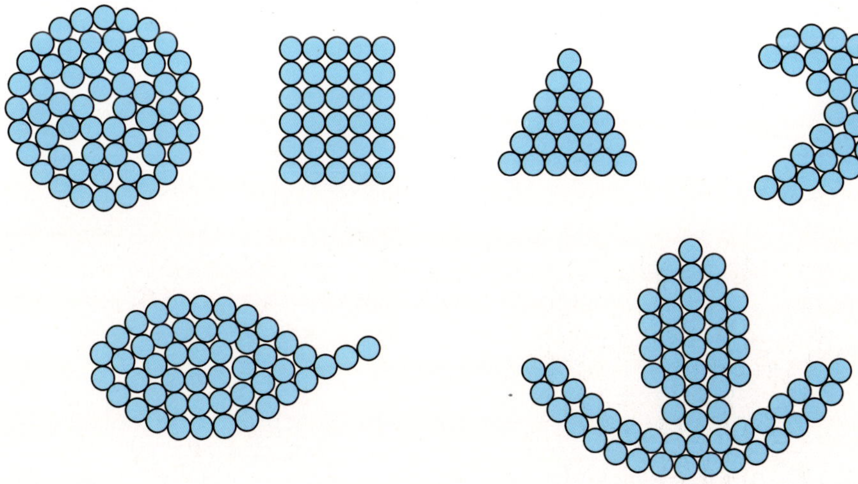

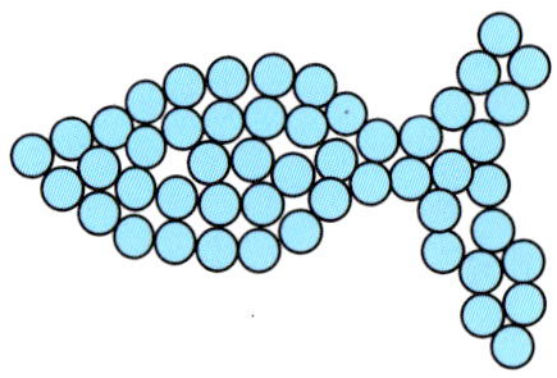

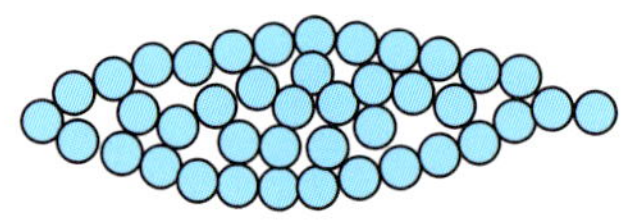

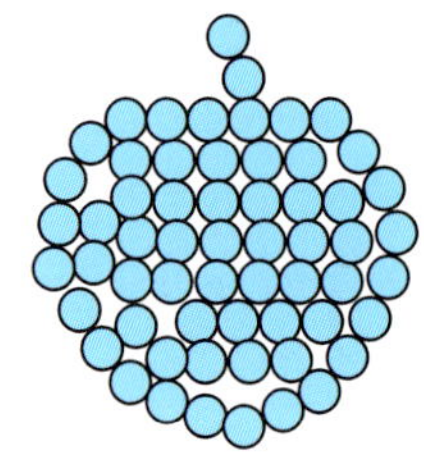

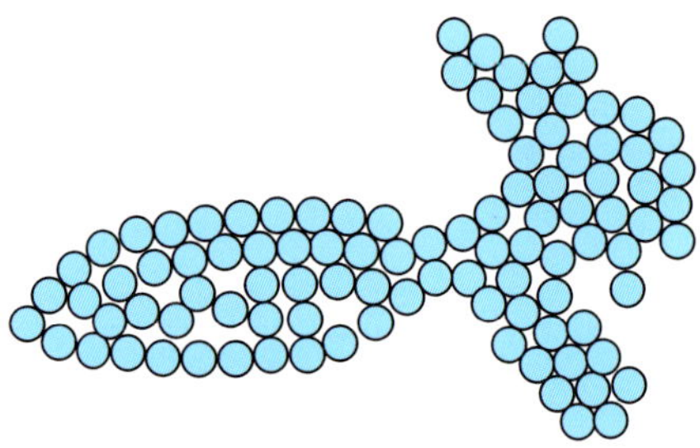

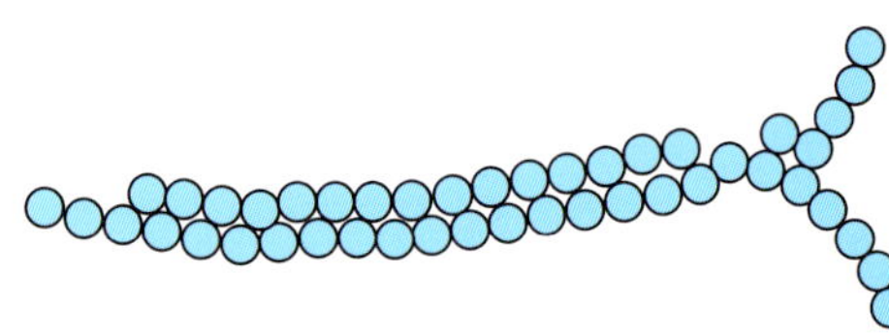

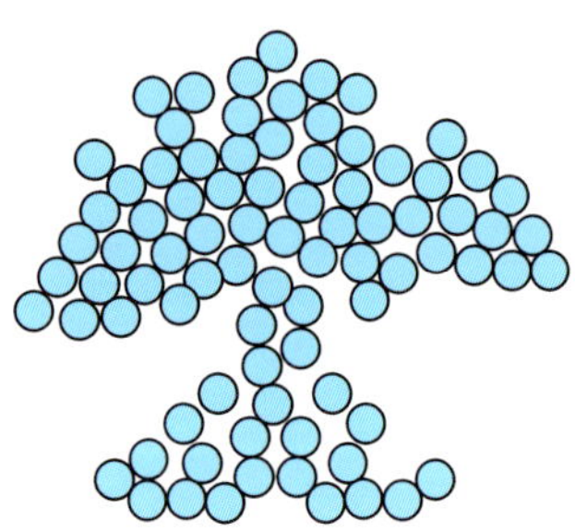

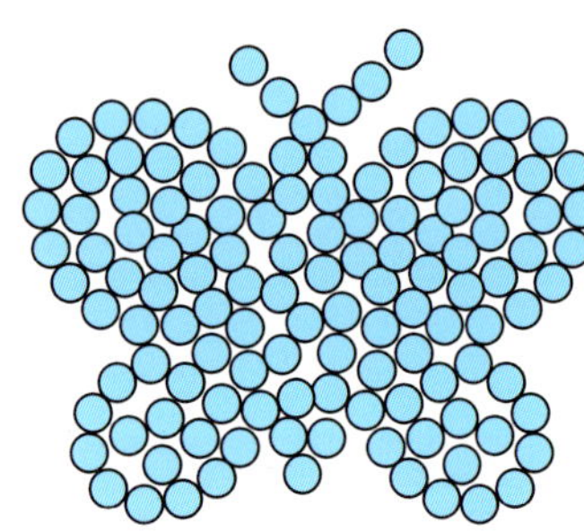

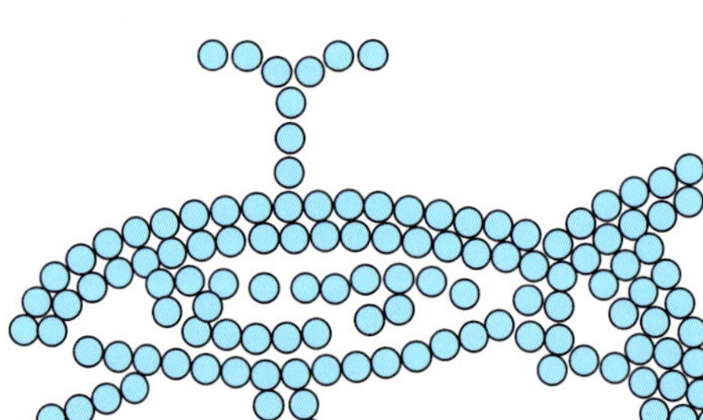

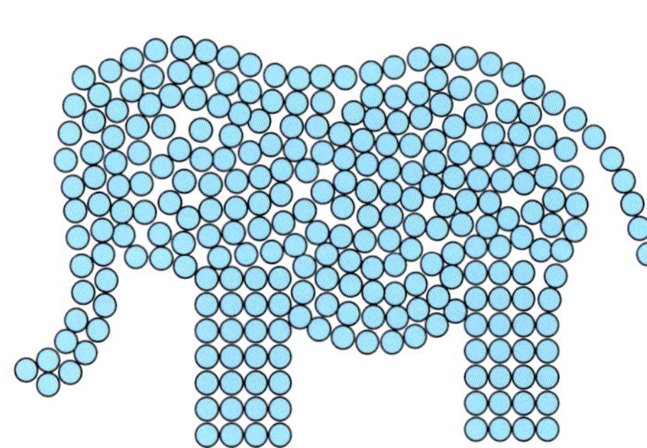

5. 교사와의 상호작용의 예

1) 면, 선, 점 소개

교사 : (점들을 보이며)

뭐 같아요? 콩, 점, 알약 같아요.

이렇게 작은 것을 뭐라고 하면 좋을까요? 네! '점' 이라고 할까요?

우리 친구 얼굴에는 점이 없나요? (얼굴에다 점처럼 대어보기도 한다.)

점이 서로 연결되어 긴 선이 되었구나!

아하! 점이 모여서 선이 되는구나!

① 7가베의 정사각형과 비교(점이 모여서 면이 되는 것을 알게 한다.)

교사 : 두 점이 연결되면 긴 선이 되는구나?

3점이 모여서 삼각형이 되고 4점이 모여서 사각형이 되는구나.

② 입체-면-선-점의 비교

교사 : 이 정육면체를 잘라 볼까요? 쓱싹 쓱싹.

교사 : 이 면을 잘라 볼까요? 쓱싹 쓱싹!

교사 : 이 선을 잘라 볼까요? 쓱싹 쓱싹!

*(점-선-면-입체 반대로 할 수도 있다)

교사 : 책상, 의자 등 우리 주변의 모든 사물들이 모두 점이 모여서 이루어져 있구나!

6. 10가베 실제 활동의 예

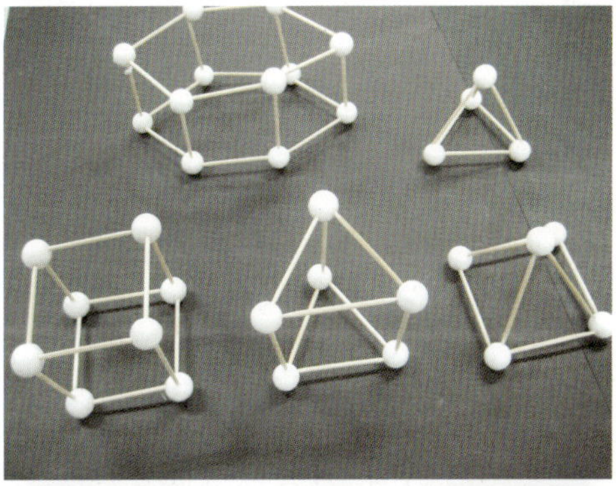
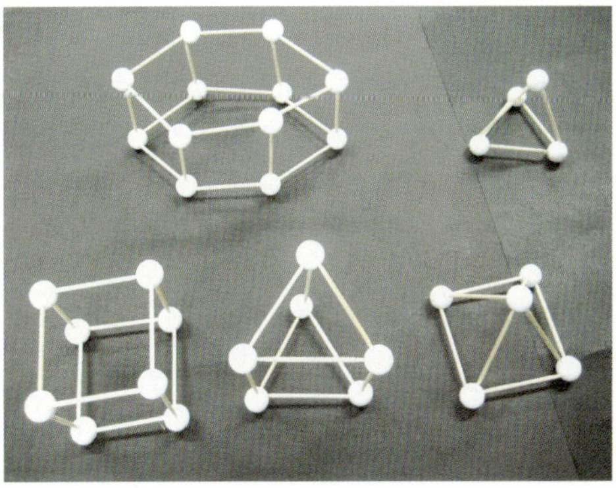
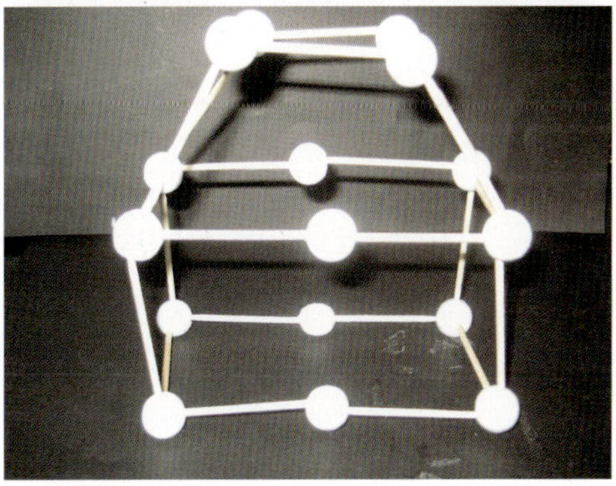

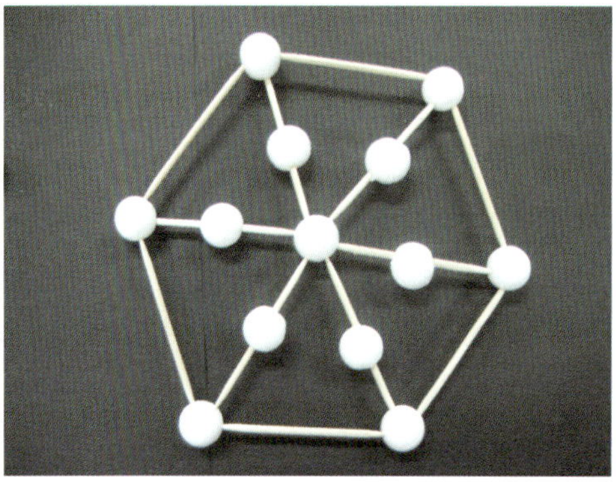

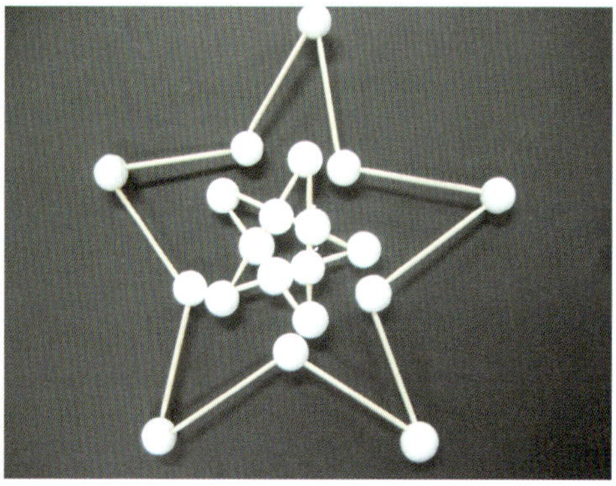

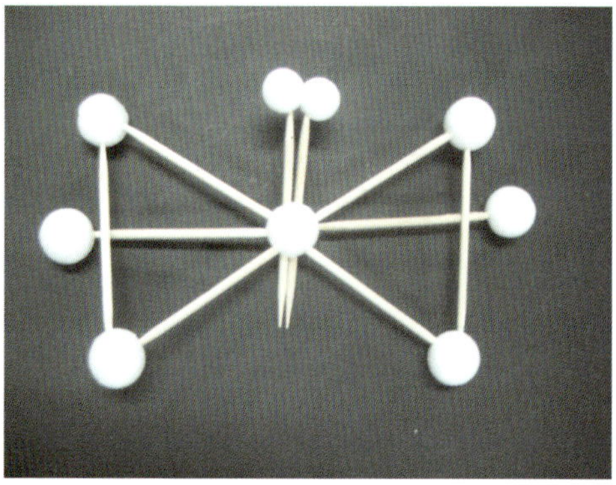

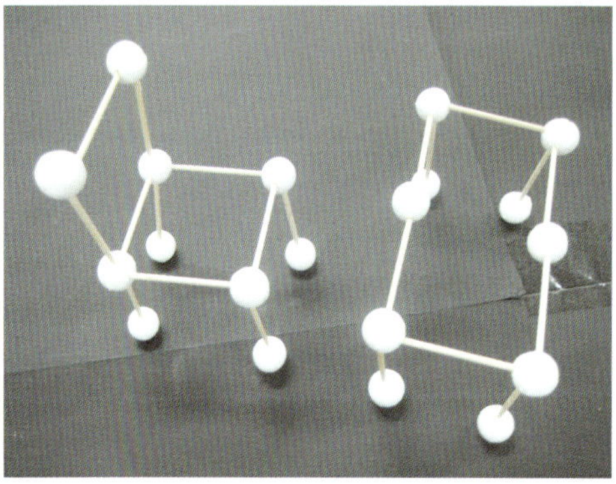

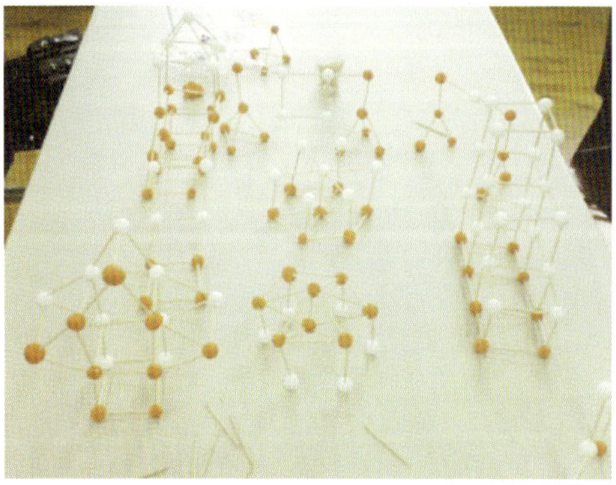

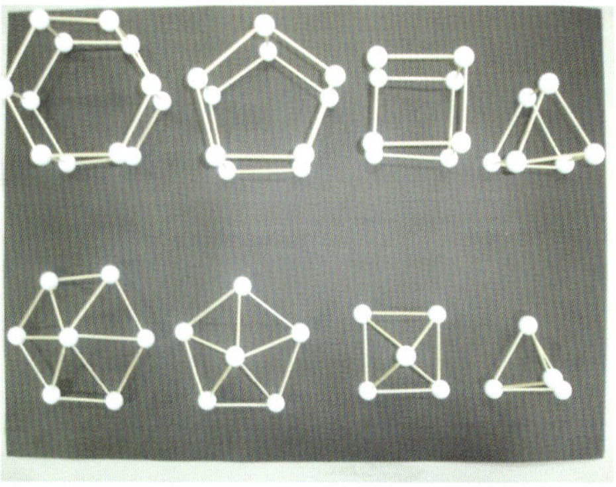

XI. 연합놀이 실제 활동의 예

1. 1*7 가베 연합

2. 5*6*7*8 가베 연합

3. 5*6*7*8*9*10 가베 연합

4. 5*6*7*9*10 가베 연합

5. 5*6*7*10 가베 연합

6. 5*6*7 가베 연합

7. 5*7*8*9*10 가베 연합

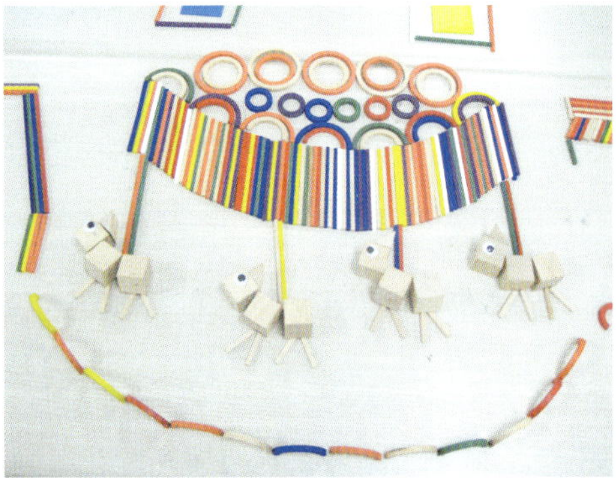

8. 5*7*8 가베 연합

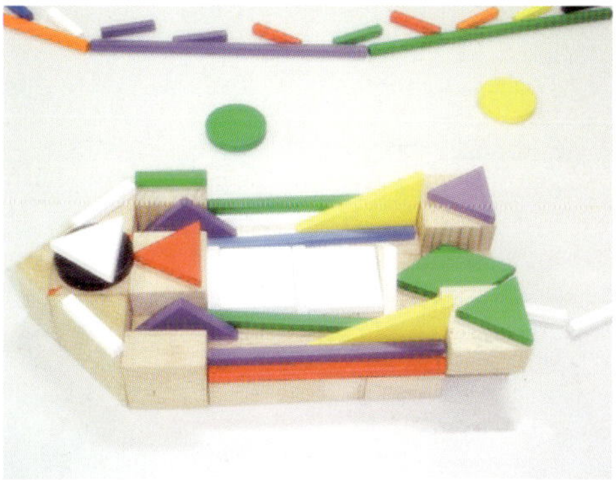

9. 5*6 가베 연합

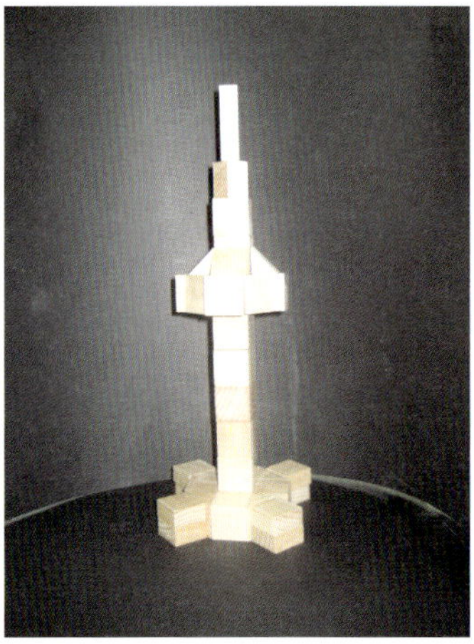

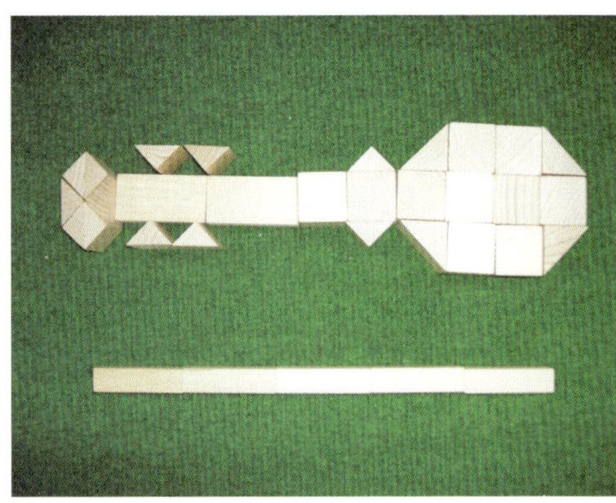

10. 6*7*8*9*10 가베 연합

11. 7*8*9*10 가베 연합

TOGO KOR

FIFA
world
cup
AGAIN2002
KOREATEAM
FIGHTING !!!

공주나라

12. 7*8*10 가베 연합

13. 7*9*10 가베 연합

14. 7*8 가베 연합

사계절
봄
여름
가을
겨울

15. 8*9 가베 연합

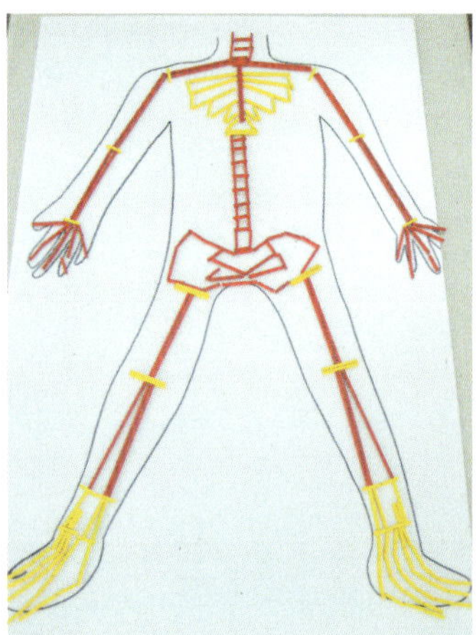

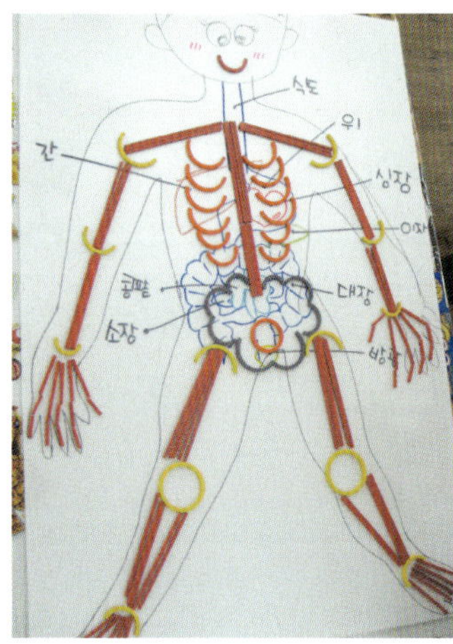

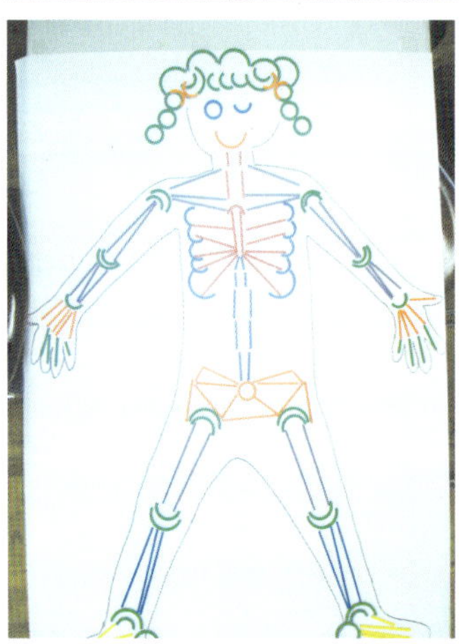

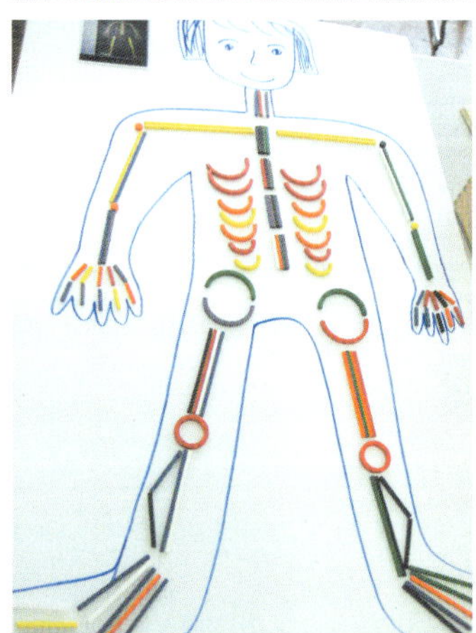

16. 물감 뿌리기 기법 이용

꿈은 이루어 진다

XII. 가베 교육 지침

1. 가베 교육 시 주의사항

1) 유아들이 자발적으로 즐겁게 놀도록 궁리하고, 이를 위해 내용 주입이나 전달이 주가 아니라 유아의 자발적 활동에 기인한 자기표현을 중시한다.
2) 유아들의 발전이나 창조에 대하여 함께 감동해 줄 수 있는 교사가 되도록 한다.
3) 모든 활동을 체험한 것을 근거로 하여 새로운 것으로 나가도록 배려한다.
4) 간단한 놀이부터 조금씩 어려운 것으로 나갈 수 있도록 단계적으로 전개한다.
5) 유아들의 발달이나 흥미 정도를 잘 관찰하여 특성에 맞게 교육한다.
6) 가베에 대한 흥미를 지속시키기 위해 다양한 활동을 계획하고 동기를 부여한다.
7) 실패에 대한 두려움을 갖지 않도록 배려하고 칭찬과 격려를 아끼지 않는다.
8) 스스로 정리하는 습관을 익히도록 돕는다.

2. 작업의 구성

11작업 – 송곳으로 점을 가로 세로로 이어 구멍을 뚫어 감
12작업 – 바늘과 실 그리고 천으로 조화를 이루며 바느질을 함
13작업 – 색연필 등을 함께 다양한 선을 그려 나감
13작업 – 그려진 그림에 색칠하기
14작업 – 종이를 접어 다양한 모양을 만들어 봄
15작업 – 엮고, 짜기
16작업 – 오리고 붙이기
17작업 – 콩 세공
18작업 – 모래놀이
19작업 – 마분지로 다양한 상자를 만들어 봄
20작업 – 흙놀이(지점토)로 다양한 입체형을 만들어 봄

프뢰벨은 엄마(선생님)와 함께 아이들이 작업하기를 원했다. 작업을 하는 동안 아이들도, 또 엄마도 기쁨과 평화가 있어야 한다고 했다. 그러므로 작업은 아이들에게는 기본적인 형태를 배우게 하고 엄마는 아이와 함께 만족할 수 있는 작업을 성공적으로 만들어 나가기를 권하고 있다.

3. 용어정리

1) 활동놀이

공의 특징이나 성질을 쉽게 알려주기 위하여 흔들기, 돌리기, 주무르기, 굴리기 등의 놀이를 하는 것을 말한다.

2) 모방

다른 사람이나 동물의 행위를 보고 비슷한 행위로 재현하거나 실행하는 일을 말한다.

3) 모방놀이

활동놀이의 이미지를 더욱 구체화하기 위한 놀이로 생물이나 무생물의 성질, 모양, 움직임 따위를 흉내 내며 노는 활동놀이이다.

4) 건축

건축 구조물 따위를 세우거나 쌓아 만드는 일을 말한다.

5) 건축놀이

가베의 입체도형인 2, 3, 4, 5, 6가베(원기둥, 구, 정육면체, 직육면체, 삼각기둥, 받침, 기둥 등)를 이용하여 유아의 자유로운 생각에 따라 규제없이 집, 성, 다리, 의자 등 주변 사물을 모방하여 세우거나 쌓아 만드는 작업이다.

6) 무늬

장식을 목적으로 표면에 나타낸 형상이다.

점, 선, 면, 색의 구성, 또는 그들의 질서 있는 배열로 이루어지며 건축, 회화, 조각, 공예 등 모든 분야에 걸쳐 이루어진다. 한민족의 미의식, 생활여건과 감정, 정신적 가치를 아울러 반영하는 것으로 시대와 역사에 따라 특징을 보여 준다.

역사적으로 보았을 때 주술적의미를 가지는데 여백의 공포를 벗어나려는 행동으로 보여진다고 한다.

7) 무늬놀이

여러 가지 무늬를 평면으로 표현하는 놀이. 대칭, 패턴 등을 발견할 수 있다.

8) 모양

사람이나 물건의 겉에 나타나는 생김새나 형상 또는 형태이다.

9) 모양놀이

가베로 모양을 평면적으로 꾸미는 놀이이다.

10) 자르기

도구를 사용하거나 손을 이용하여 원하는 모양으로 나누는 것이다.

가베에서는 주로 3, 4, 5, 6가베에서 분수의 개념을 이해시킬 때 쓰인다.

11) 점

가베에서는 물질을 구성하는 가장 작은 단위의 하나로 점을 나타내기 위하여 10가베를 이용한다. 또한 점의 개념은 구멍뚫기 작업에 이용되기도 한다.

12) 입체

3차원적 공간적 넓이를 가지는 물체가 차지하는 공간부분을 추상화한 기하학적 대상이다.

13) 직선

폭이 없는 길이, 선중에서 똑바른 것, 또는 두 점간의 최단거리이다.

14) 분류

같은 성질을 가진 것끼리 나누어 놓은 것이다.

15) 집합

어떤 성질, 조건에 따라 일정하게 결정되는 요소의 모임이다.

16) 패턴

일정한 규칙을 가지고 반복되는 무늬나 모양이다.

17) 연상

어떠한 사물을 보고 떠오르는 그림이나 모양을 관련짓는 활동이다.

18) 구

가장 단순한 모양, 외부의 힘에 의해 여러 가지로 변화 움직일 수 있고 모든 형태의 닮은꼴, 가장 보편적이고 기본적인 형태이다.

존재와 소유, 생성에 관한 자각을 얻을 수 있다.

19) 원기둥

밑면이 평행이고 합동이며 원인 입체도형이다.

20) 정육면체

육면체 중에서 모든 면이 정사각형인 것이다.

21) 입체도형

평면이나 곡면으로 둘러싸인 입체도형이다.

22) 삼각형

한 평면상에 있고 일직선상에는 없는 3개의 점 A, B, C를 2개씩 쌍으로 하여 선분을 연결하여 이루어지는 도형이다.

23) 사각형

평면 위의 어느 세 점도 동일한 직선 위에 있지 않은 네 점을 차례로 선분으로 연결한 네 개의 선분으로 둘러싸인 도형이다.

24) 사다리꼴

한 쌍의 대변이 평행인 사각형이다.

25) 평행사변형

마주보는 변이 평행인 사각형이다.

26) 공간

직접적인 경험에 의한 상식적인 개념으로 상하, 전후, 좌우 세 방향으로 퍼져 있는 빈 곳이다.

27) 측정

장치를 사용하여 물리량(길이, 질량, 온도, 압력)을 수치로 나타내는 조작이다.

도량형 : 길이, 부피, 무게 등, 또는 이를 재는 기구의 총칭이다.

28) 대칭

점이나 직선, 또는 평면의 양쪽 부분이 똑같은 형태로 배치되어 있는 모양이다.

1 선대칭 – 평면 위의 가운데 대칭축을 중심으로 양쪽의 모양이 똑같은 형태를 말하며, 가운데를 접어 넘기면 양쪽이 똑같이 일치한다. 선대칭은 자연에서 많이 찾아볼 수 있다. 사람의 몸, 나비의 몸, 잠자리, 나뭇잎(예외도 있다. 칠엽수의 경우), 동물의 몸 등이다.

2 점대칭 – 한 도형을 한 점을 중심으로 180도 회전했을 때 본래의 도형에 완전히

겹치는 모양으로 평면에서는 예로 평행사변형은 그 대각선이 만나는 점에서 점대칭이고 공간도형에서는 정육면체의 경우 대각선을 중심으로 점대칭을 이룬다.

29) 빈자리 놀이

한 개의 입체도형을 기준으로 해서 공간의 크기를 알아보는 놀이이다.

30) 도미노 놀이

두 가지의 게임이 있다.

도미노는 이탈리아 말로 원래 모노미노를 두 개 합쳤을 때 생기는 모양(도미노)을 말하며 이것을 차례로 세워서 쓰러뜨렸을 때 힘이 전달되는 원리를 알아보는 게임이다. 그러나 다이스(주사위)에서 비롯된 도미노는 도미노 모양의 패에 주사위에 새겨진 6개의 숫자모양의 점을 새기고 서로 나누어 가진 다음 같은 수끼리 연결하여 먼저 자신의 패를 다 내려놓는 사람이 이기는 게임이다.

참고문헌

곽노의(1989). 프뢰벨의 낭만주의적 유아교육론에 관한 연구. 서울: 학민사.

곽노의 · 이명환(2001). 프뢰벨과 몬테소리. 서울: 밝은 누리.

이상욱(1991). 프뢰벨과 기독교 유아교육. 서울: 양서원.

서석남(2001). 프뢰벨의 생명교육 I. 서울: 국민서관

______(2002). 프뢰벨의 생명교육 II. 서울: 국민서관

______(1995). 프뢰벨의 인간교육. 서울: 이서원

정인숙(2002). Fröbel 교육사상(教育思想)에서 상징(象徵)의 아동교육적(兒童教育的) 의의(意義)에 관한 연구(硏究). 대구가톨릭대학교 박사학위 논문

Fröbel F.. Die Menschenerziehung. Ferdinad Kamp Bochum(1973).

_________. Vorschulerziehung und Spieltheorie. Stuttgart:Wilhelm Kliter-Klett-Cotta(1982).

_________. Die Spielgaben. Stuttgart:Wilhelm Kliter-Klett-Cotta(1982).

저자소개

조성자

Roma Antonianum 대학교 철학 및 교육학과 졸업
Roma Antonianum 대학교 교육학 석사
Roma Antonianum 대학교 철학박사(교육철학 전공)
1995년 1월 ~ 1996년 독일 Münster 대학 교환교수 역임
2000년 ~ 2004년 한국 몬테소리 학회 회장 역임
현) 대구가톨릭대학교 사회과학부 아동학과 교수

▶ 대표저서

마리아 몬테소리 자서전(도서출판 신정, 2006), 유아교육개론(공저)(양서원, 2005), L' educazione morale degli adolescenti nella famiglia coreana(Roma Montessori 교육학) (중앙적성출판사,1996), 자유직업과 열린 교실을 위한 Maria Montessori의 교사론(창지사, 1998)

▶ 역서

어린이들에게 영성은 존재하는가?(창지사, 2000), 유아기를 위한 성교육(창지사, 1987), 아동기를 위한 성교육(창지사, 1987), 청소년기를 위한 성교육(창지사, 1987), Montessori의 교육과 평화(창지사, 1990), Montessori의 어린이의 신비(창지사, 1991), Montessori의 어린이의 정신(창지사, 1995), Montessori의 어린이 발견(창지사, 1995), Montessori의 어린이를 위한 종교 교육(미루나무, 1993), 어린이의 종교적 잠재 능력(중앙적성출판사, 1997), Montessori의 새로운 세계를 위한 어린이 교육(중앙적성출판사, 1996), Montessori의 우주 교육: 인간의 잠재 능력을 어떻게 개발할 것인가?(중앙적성출판사, 1998), Montessori의 우주 교육: 유아기에서 청소년기까지(중앙적성출판사, 1998), Montessori의 어린이를 위한 인격형성(창지사, 2001), Montessori는 부모님들에게 이렇게 권고합니다(양서원, 2000), 어린이는 인간의 어버이다(양서원, 1999)

정동희

대구 계명대학교 교육대학원 교육학 석사
대구가톨릭대학교 아동학 박사과정 수료
대구가톨릭대학교 보육교사교육원 및 평생교육원강의
한국방송통신대학교 유아교육학과 강의
대구과학대학 아동놀이지도과 강의
영진전문대학 유아교육학과 강의
성덕대학 유아교육학과 강의
전) 영진전문대학 아동창의성 개발 연구소 상근연구원
현) 사단법인 한국문화예술진흥회 프뢰벨 가베 분과 회장
대구과학대학 아동놀이지도과 겸임교수

프뢰벨 가베교육의 이론과 실제

초판 1쇄 발행 2008년 7월 3일
초판 2쇄 발행 2011년 6월 24일

지은이 | 조성자 · 조동희
펴낸이 | 김기섭
편집인 | 엄지연
펴낸곳 | 창지사 www.changjisa.com
121-809 서울시 마포구 대흥동 161
전화 (02) 719-2211~3
팩스 (02) 701-9386
등 록 | 1977년 4월 28일 · 제1-421호

ISBN 978-89-426-0484-5 (93370)

값 13,000원